CORRIENDO CONTRA VIENTO Y MAREA

CORRIENDO CONTRA VIENTO Y MAREA

UNA TRAYECTORIA VITAL LLENA
DE INSPIRACIÓN PARA QUE
LOS DEPORTES DE LA ESCUELA
SECUNDARIA HAGAN HISTORIA

DESMOND DUNHAM

PRÓLOGO DE MARCUS O'SULLIVAN

NEW DEGREE PRESS

COPYRIGHT © 2022 DESMOND DUNHAM

Todos los derechos reservados.

CORRIENDO CONTRA VIENTO Y MAREA

Una Carrera Llena De Inspiración Para Que Los Deportes De La Escuela Secundaria Hagan Historia

Traducido por Javier Prieto Martínez

Spanish Translation: Isabel Vazquezgil

ISBN	979-8-88504-783-8	*Paperback*
	979-8-88504-336-6	*Kindle Ebook*
	979-8-88504-342-7	*Ebook*

A mi madre, Helen Dunham, que me ama incondicionalmente y me enseñó lo que realmente significa el sacrificio por la familia de uno y por los demás.

A mi padre, Ted Dunham, que luchó por nuestro país, que nunca tuvo la oportunidad de beneficiarse del amor reconfortante de una madre, y cuyas carencias como padre se convirtieron en una motivación para que yo me esforzara por romper ese ciclo.

A mi esposa, Jami Dunham, y a mis hijos, Niles y Nia Dunham, que me han apoyado en esta trayectoria vital y son la razón de todo lo que hago. Sin ustedes, nada de esto sería posible.

Y a todos aquellos que piensan que los obstáculos son insuperables, sigan corriendo hacia adelante y hacia lo más alto.

CONTENIDO

PRÓLOGO 9
NOTA DEL AUTOR 13

PARTE I **INFANCIA** **17**
CAPÍTULO 1 EL CALENTAMIENTO 19
CAPÍTULO 2 LA LÍNEA DE SALIDA 25
CAPÍTULO 3 EL HOMBRE DE LA CASA 37
CAPÍTULO 4 LOS JUEGOS QUE JUGAMOS 47
CAPÍTULO 5 LA HISTORIA DE DOS CIUDADES 53
CAPÍTULO 6 ROMPIENDO BARRERAS 67
CAPÍTULO 7 LARGA VIDA AL JEFE 75
CAPÍTULO 8 VALE MAS QUE UNA CINTA 83

PARTE II **LOS AÑOS UNIVERSITARIOS** **95**
CAPÍTULO 9 LA MECA 97
CAPÍTULO 10 LOS OJOS BIEN ABIERTOS 109
CAPÍTULO 11 PERDIENDO EL EQUILIBRIO 123
CAPÍTULO 12 ENCONTRAR LA REDENCIÓN 133
CAPÍTULO 13 APOYÁNDONOS EN LA LÍNEA DE META 145
CAPÍTULO 14 DEL COMPROMISO AL PROPÓSITO 157

PARTE III	ENTRENANDO A OTR@S	**171**
CAPÍTULO 15	COMUNIDAD Y LLAMADO	173
CAPÍTULO 16	ENTRENADOR NOVATO	187
CAPÍTULO 17	¿CUÁL ES EL COSTO?	203
CAPÍTULO 18	AIRES DE CAMPEONATO	211
CAPÍTULO 19	LAMIENDO NUESTRAS HERIDAS	223
CAPÍTULO 20	RECUPERARSE	231
CAPÍTULO 21	CANTERA DE CAMPEONES	239
CAPÍTULO 22	HACIENDO HISTORIA	243
	EPÍLOGO	259
	AGRADECIMIENTOS	263
	APÉNDICE	267

PRÓLOGO

Conocí a Desmond Dunham por primera vez hace unos veinte años cuando llegó a mediados de agosto a Running-Works, un campamento para corredores de campo traviesa de escuela secundaria. En ese momento, recuerdo que su equipo estaba compuesto principalmente por velocistas, y me pareció extraño que los sometiera a la du óreza del campo traviesa. Durante esa semana en el campamento me di cuenta de que los jóvenes atletas del Eleanor Roosevelt High School de Greenbelt, Maryland, tenían un profundo respeto por su entrenador y simplemente estaban felices de estar allí con él.

A lo largo de los años, Desmond ha asistido a muchas de mis sesiones de preparación para entrenadores. Como corredor de fondo desde la escuela secundaria, Desmond siempre estuvo comprometido con el campo traviesa y luego llevó a Eleanor Roosevelt al más alto nivel nacional tanto en campo como en pista. Por poco ortodoxo que pareciera, siempre estaba dispuesto a aprender todo lo que podía sobre el sistema aeróbico, y creía en la importancia de este en el desarrollo de sus velocistas de corta y larga distancia.

En el caso de que tengas la oportunidad de conocer a Desmond, te sentirás atraído de inmediato. Su voz suave y cautivadora, te hará darte cuenta en un segundo de su intensidad y pasión genuina por el entrenamiento de otros. Su devoción por sus atletas se centra en la persona como un todo, aportándoles estructura, enfatizando la dedicación y, sobre todo, liderando con el cuidado y la amabilidad que tanto necesitan. Es un hombre entusiasta lleno de curiosidad en su búsqueda por convertirse en un entrenador mejor y tiene un apetito insaciable de conocimiento. Su ética de trabajo es insuperable y, por tanto, la base que lo convierte en un entrenador tenaz e increíble.

Lo que vi hace veinte años fue solo un esbozo de quién es realmente Desmond. Su trayectoria vital se da a conocer en este libro. Es una historia sobre su crianza en Gary, una ciudad que en su día llegó a ser pujante en la década de los años 1960. Con la industria del acero en decadencia, la ciudad comenzó a desmoronarse rápidamente y, a finales de los 80, había cambiado en su totalidad pasando de ser la Ciudad mágica a la Capital del homicidio de América., asolada por las drogas y las pandillas. Desprovisto de una figura paterna positiva y constante en su hogar, Desmond aprendió a navegar por la vida y se dio cuenta de que podía ser una versión mejor de sí mismo, a pesar de los numerosos desafíos causados por sus circunstancias. Predominantemente negra, Gary era una ciudad segregada, un ejemplo clásico del racismo sistémico estadounidense que siempre se ha pasado por alto. La trayectoria de Desmond estaba más condenada al fracaso que al éxito desde un principio. Afortunadamente, encontró el deporte de campo traviesa y su vida cambió para siempre. En el camino se encontró con dos entrenadores muy importantes que continuaron ayudando a moldearlo para que se convirtiera en la persona que es hoy. Uno se convierte en lo que es gracias a su entorno y sus influencias, tanto las buenas como las malas. Sin embargo, uno siempre tiene una opción. Esta es la historia de la elección de Desmond. Su actitud positiva ha sido puesta a prueba a menudo, con reveses y decepciones, sin embargo, superó todos los obstáculos y finalmente reconoció que vive en un mundo imperfecto e injusto, pero que eso no puede convertirse en una excusa para el fracaso.

Cada capítulo prosigue al anterior con lecciones valiosas y reveladoras. La actitud innata de Desmond es ayudar a los demás y, a través de la formación, educación y el entrenamiento, crea un entorno positivo para que aquellos jóvenes estadounidenses, que con frecuencia son marginalizados, sobrevivan, crezcan y prosperen. Su vida llena de aspiraciones y empeño puede ser una inspiración para todos. Sí, el libro de Desmond incluye competiciones y carreras maravillosamente descritas que culminan con la Penn Relays. Pero, lo que es más importante es que uno puede ser testigo de cómo un individuo, a través de su propia trayectoria personal, puede marcar una diferencia tan profunda en la vida de los demás.

—MARCUS O'SULLIVAN

ENTRENADOR DE ATLETISMO & CAMPO

TRAVIESA, UNIVERSIDAD VILLANOVA,

DEPORTISTA OLÍMPICO EN CUATRO OCASIONES

NOTA DEL AUTOR

"Probablemente habrás oído el dicho de que nada en la vida es seguro excepto la muerte y los impuestos. Podríamos añadir también ¡ni el dominio jamaicano en Penns!"

Esas palabras del escritor y entusiasta de la pista Tim Fulton fueron puestas a prueba en ese trascendental viernes 27 de abril de 2007. Habíamos llegado a lograr lo impensable.

La escena estaba servida. Más de treinta y nueve mil aficionados presentes, y miles más conectados en vivo, para asistir al tan esperado momento: Jamaica frente a Estados Unidos. Estábamos en un momento histórico, el Super Bowl de los encuentros de atletismo de la escuela secundaria, la 113º Penn Relays Carnival. Yo era el entrenador de un equipo de atletismo femenino de Greenbelt, Maryland, representando a Estados Unidos contra las corredoras, siempre vencedoras en las pruebas, jamaicanas.

Después de casi tres horas de retraso por culpa de relámpagos y fuertes lluvias, se disparó por fin el pistoletazo de salida para señalar el comienzo de la carrera. La multitud comenzó a rugir, vitoreando: "¡U-S-A! ¡Ja-mai-ca! ¡U-S-A! ¡Ja-mai-ca!" Banderas verdes, negras y doradas ondeaban por todo el estadio. Los silbidos no cesaban. Era como si estuviéramos presenciando una escena de gladiadores en la que la multitud espera ansiosamente a ver quién saldrá victorioso después de una batalla sin cuartel. Fue emocionante de principio a fin con los dos mejores equipos, mi equipo de Eleanor Roosevelt High School y su equipo de Holmwood Technical High School de Christiana, Jamaica, corriendo a la par, paso a paso, de un lado a otro, hasta que las pisadas finales cruzaron la línea de meta.

Si ganábamos, sería más que una simple victoria: cambiaría para siempre la vida de estos jóvenes atletas. Sería una lección para seguir luchando por aquello en lo que uno cree, a pesar de las dificultades y los contratiempos. Verme allí, de pie en medio de ese estadio, era un testimonio de mis humildes comienzos.

Soy de Gary, Indiana, una ciudad que prosperó económicamente después de la Gran Migración de más de seis millones de afroamericanos del sur rural a las ciudades del norte, medio oeste y oeste en las décadas de 1960 y 1970. Pero, para cualquiera que creciera en la ciudad durante los años setenta y ochenta, la bulliciosa industria y las oportunidades dentro de la ciudad predominantemente negra se habían deteriorado, quedando bastante por detrás de las ciudades vecinas. Mucha gente en Estados Unidos cree en la meritocracia, que todo lo que tenemos que hacer para tener éxito es ponerse el traje de faena y trabajar duro. Desde mi niñez, aprendí que algunos de nosotros ni siquiera contamos con traje de faena.

Al criarnos en Gary, todos teníamos que superar el binomio de amor y comunidad, junto con el trauma y el desafío. Perdí a tres amigos de la infancia que se criaron en mi misma cuadra por homicidios. En la década de los 90, Gary se había convertido en la capital del homicidio per cápita de Estados Unidos. (Sloan, 1994) Carecíamos de recursos educativos, teníamos escasas oportunidades de empleo y nos las arreglamos sin la seguridad que disfrutaban las zonas residenciales de los alrededores y las más alejadas. A pesar de esas circunstancias, viví experiencias infantiles increíbles. Nada podría reemplazar jugar en ligas deportivas caseras con los amigos, organizadas en el solar del vecindario, o asistir a las divertidas y protectoras reuniones anuales donde aprendí tanto, con las familias Wilson y Dunham. Sin embargo, todos los recuerdos van desgranados con los vicios inevitables de mi ciudad natal. Mis momentos más oscuros incluyen experiencias con mi papá y sus vicisitudes. Como muchos veteranos, no obtuvo el apoyo que necesitaba y sufrió mucho por ello. Y yo también.

Mi trauma infantil no es único. Lamentablemente, Hay tantos que comparten mis mismas experiencias: un padre alcohólico, abusos domésticos, violencia urbana o incluso otras circunstancias más desesperadas. Pero para muchos, desafortunadamente, sus sueños nunca se hacen realidad. El deporte se convirtió en mi escapatoria y correr cambió la trayectoria de mi vida para mejor.

Me vi obligado a escribir este libro con la esperanza de que los sucesos que nos llevaron a la victoria en 2007 inspirasen a otros a continuar su propia carrera a pesar de tener todo en contra. En este libro, comparto las decepciones y los rechazos que precedieron a mis triunfos y, al final, me llevaron a mi inesperadamente vibrante carrera como entrenador. Si alguna vez te has sentido como un perdedor con algo en tu interior que no te deja en paz, este libro es para ti. La forma en que corremos nuestra carrera de la vida puede cambiar nuestra capacidad para superar con éxito las adversidades. Espero que este libro te inspire a seguir adelante, siempre.

PARTE I

INFANCIA

Si quieres conocer el final,
mira el principio.

—PROVERBIO AFRICANO

CAPÍTULO 1

EL CALENTAMIENTO

―

"¡Muy bien chicos! Este es el momento de demostrarme de lo que son capaces. Bien, esto es campo traviesa, así que para aquellos de ustedes a los que no les gusta correr, ¡este no es su deporte!" Dijo el entrenador Robinson con énfasis y una ligera risa. "Hoy tendremos una carrera a ritmo medio. Si puedes seguir el ritmo del grupo, puede que formes parte del equipo. Si te detienes, estás fuera. Ahora, ¡en la línea!"

Cuando era niño, soñaba con ser una estrella de baloncesto. Así que, cuando llegó el otoño de mi séptimo grado, estaba dispuesto a hacer lo que fuera necesario para formar parte del equipo de baloncesto masculino. Todos mis amigos me decían que tenía que jugar al fútbol americano o correr a campo traviesa para aumentar mis posibilidades de formar parte del equipo, así que para hacer realidad mi sueño, comencé a correr a campo traviesa. Y fue un completo desastre.

Bajamos de las gradas y nos apresuramos a la línea de salida.

Nadie me había dicho que se corre más lento cuando tienes una mano en el costado tras un flato mientras intentas mantener el equilibrio con un solo brazo balanceándose en el lado izquierdo. Pero eso es exactamente lo que sucedió después de la primera milla de las tres de la carrera. Cerca de la segunda milla, pensé, tal vez fue una mala idea haber comido un perrito caliente de 30 centímetros justo antes de la carrera. Me ardía el pecho y mis piernas pronto hicieron lo mismo, pero mi estómago y la necesidad de vomitar eran diez veces peor. Cada respiro me reconfortaba, afirmando que de hecho todavía seguía vivo, pero también me traía dolor cuando las bocanadas de aire seco se sentían como agujas bajando por mi garganta reseca. *Oh no, ¿debería detenerme y conseguir mi inhalador?* Sabía que fácilmente podría desencadenarme el asma, pero la voz del entrenador Robinson resonó en mi cabeza: "¡Si te detienes, estás fuera!"

Las cuatro vueltas alrededor de la pista, más una vuelta de dos millas por el vecindario fue pura agonía.

"¿Cuánto falta?" Le pregunté a unos chicos que pasaron cerca después de la segunda milla y media. Nadie respondió. "¿Cuánto falta?" Pregunté, esta vez gritando tan fuerte como pude.

Finalmente, alguien respondió: *"Colega, ¡cállate y sigue corriendo!"*

Sentía que el ácido láctico devoraba mi tejido muscular. Mis piernas flaqueaban. No fui al ritmo la primera milla y pensé que, si corría más rápido al principio, podría ponerme al frente, y luego podría reducir la velocidad y correr lo suficientemente rápido para terminar entre los mejores. Mi plan fracasó por completo. Pasé sufriendo la línea de meta, jadeando y me caí de rodillas. Incluso las bocanadas desesperadas a mi inhalador no aliviaron la presión en mi pecho hasta mucho después de haber terminado la carrera.

Me presenté al segundo día de las pruebas con una estrategia diferente. No me había recuperado del día anterior, así que decidí quedarme en la parte de atrás del grupo para una carrera menos dolorosa. Fui a trote lento e hice lo justo para no llegar el último.

Al día siguiente, el entrenador Robinson colocó la lista del nuevo equipo en la puerta del vestuario. Revisé la lista con la esperanza de ver mi nombre. No estaba allí.

No me sorprende, pensé. Mi asma es demasiado grave para que pueda correr de todos modos. Mi pediatra, el Dr. Simpson, siempre me había advertido que los deportes podían ser un desafío y un riesgo debido al esfuerzo adicional que debían hacer mis pulmones para respirar bajo estrés. Pero el rechazo y el fracaso también dolían. Quería formar parte del equipo y estaba preocupado. Sabía que podía haber dado más de mí.

* * *

Francamente, no se suponía que sobreviviría, y mucho menos que llegara a algo en la vida.

Nací con una infección respiratoria el 19 de julio de 1972 en Gary. Mi nacimiento presagiaba verdades que aprendería sobre mi vida: nada me iba a resultar sencillo y mis victorias sólo serían posibles gracias al esfuerzo que las precediera.

Mi madre rompió aguas ese miércoles por la mañana temprano. Estaba sola en el apartamento, llamando desesperadamente a los hermanos de mi padre, Hank y John, en un intento de localizarlo.

"Ay, Dios mío", gritó. "¡Este bebé ya está aquí!" Mientras pensaba a quién más llamar, se dio cuenta de que no tenía mucho más tiempo.

Abrió la puerta del apartamento y comenzó a caminar con cuidado mientras abrazaba y protegía su vientre. Consiguió, tras tambalearse unos metros, llamar a la puerta del apartamento contiguo gritando: "¡Shirley!"

Gracias a Dios que su hermana vivía cerca en Westbrook Apartments. Mi tía Shirley se vistió rápidamente y se acercó para ayudar a mi madre a meter algunas cosas en una bolsa. Como enfermera licenciada y con experiencia, la tía Shirley era la persona perfecta para ayudar a mi madre en esta situación.

Le dejaron una nota a mi padre y rápidamente se dirigieron al Methodist Hospital. Mi madre hizo todo lo posible para convencer a su enfermera prenatal de que yo estaba llegando mucho antes de lo esperado; la enfermera no prestó atención a las urgentes advertencias de mi madre.

"¡Te estoy diciendo que mi bebé va a salir ahora!" gritó mi madre.

"Señora, aún no ha dilatado lo suficiente", respondió la enfermera. "Su bebé probablemente no vendrá tan pronto. Sus contracciones no son tan seguidas."

Mi mamá resopló. Estaba desconcertada y, aunque no estaba de acuerdo con la enfermera, no siguió discutiendo. En ese momento, mi padre se había enterado y había llegado al hospital. Anticipando que tenía tiempo suficiente de acuerdo a la respuesta de la enfermera, se dirigió a la cafetería para tomar algo. A los pocos minutos de su ausencia, mi madre de repente se desplomó y gritó de dolor: "¡Ya viene!". Ella había estado de parto justo el año antes al dar a luz a mi hermana, por lo que reconoció perfectamente los movimientos y contorsiones que sentía.

La enfermera siguió en sus trece y dijo: "Señora, estará bien. Solo cálmese y trate de relajarse. Su bebé no va a llegar tan pronto. Tiene un largo parto por delante". Aunque estaba fuera de servicio, mi tía trabajaba en este hospital y decidió que era hora de hacer algo.

"Necesita ser reexaminada ahora mismo", exigió la tía Shirley.

Con un profundo suspiro, la enfermera tomó otro par de guantes y una máscara. Después de un vistazo rápido, sus ojos se abrieron en estado de shock cuando se dio cuenta de que mi cabeza se estaba asomando. Rápidamente abandonó la sala de examen para informar a su equipo médico y les ordenó que prepararan una sala de partos de inmediato. Llevaron a mi madre a la habitación contigua y la animaron a que se calmara para dar tiempo a que llegara el médico, pero claramente, yo ya había tomado una decisión. Vi la luz en menos de treinta minutos.

Mi papá regresó de la cafetería justo a tiempo para presenciar y apoyar mi parto, pero se fue poco después para dormir un poco tras una larga noche en la ciudad la víspera de mi nacimiento. Este sería el primero de los muchos momentos en los que su frenético ritmo de vida lo mantendría alejado de nuestra familia.

Después de que a mi madre le desaparecieron los efectos de la anestesia, estaba ansiosa por verme y abrazarme. Las enfermeras, sin embargo, me sacaron de en medio antes de que ella tuviera la oportunidad de hacerlo.

"*¿Dónde está mi bebé?* preguntaba ansiosa. Las enfermeras les daban evasivas como respuesta. Finalmente, el médico volvió a la habitación para explicar que yo había nacido con una infección respiratoria y que las primeras veinticuatro horas de vida eran extremadamente críticas. Me diagnosticaron síndrome de dificultad respiratoria, lo que conlleva dificultad para respirar, pulmones no totalmente desarrollados y piel descolorida. Nacido con un mes de antelación, luchaba por mi vida. La primera vez que mi madre me vería sería a través de una gran pantalla de cristal mientras yo me esforzaba por respirar en mi cuna con oxígeno.

Mi increíble madre, Helen Joyce Dunham (de apellido de soltera Wilson), pasó el resto de la noche llorando y orando con la otra madre primeriza con la que compartía habitación en el hospital. Esta oración, junto con muchas otras, sería hecha esa noche y casi todas las noches de mi vida. Las oraciones de mi madre reflejaban las de tantas otras madres negras que criaban hijos en ciudades similares a Gary. A la mañana siguiente, el médico le informó a mi madre que las cosas iban mejorando para mí. Sin embargo, se pasó la primera semana de mi vida viéndome a través de un cristal. Terminarían siendo ocho largos días hasta que mi madre me tuviera en sus brazos por primera vez. Pasé otra semana en el hospital, donde la tía Shirley me vigilaba durante sus turnos, antes de que me dejaran ir a casa.

Aunque había superado este obstáculo médico inicial, me tuve que enfrentar a otro unos seis meses más tarde. En un chequeo de rutina, mi médico se dio cuenta de que muchas de mis noches de insomnio y llanto se debían a una hernia. El médico temía que, si mi intestino no retrocedía hacia mi abdomen, podría atascarse en la parte estrangulada de mi estómago, luego hincharse y estallar. En esa cita, mi pediatra le recomendó a mi mamá que me ingresara en el hospital. Me operaron de urgencia. Mi madre deambulaba por el vestíbulo, rezando y llorando, invadida por oleadas de culpa. Un año antes, cuando se enteró de que estaba embarazada de nuevo apenas cuatro meses después del nacimiento de mi hermana, no estaba tan eufórica. Era una madre primeriza privada de sueño y la idea de otro bebé, yo, era abrumadora. Mientras esperaba durante mi cirugía, se preguntó si su reacción inicial a su segundo embarazo de alguna manera fue la causa de todos mis problemas de salud.

La preocupación siguió durante las tres horas que duró la cirugía. El cirujano pediatra salió al vestíbulo y le aseguró a mi madre que me recuperaría bien. Por segunda vez en mi corta vida, superé un gran desafío médico. Y una vez más, prevalecieron las oraciones de mi madre.

CAPÍTULO 2

LA LÍNEA DE SALIDA

―

"Papá, ¿tú también te la pasabas haciendo esto con tu padre?", preguntó Niles.

"¿Sabes qué, Niles?", le respondí: "Nunca atrapé una pelota de mi padre. Ni una sola."

Cuando era niño, mi padre estaba, pero no estaba presente en mi hogar ni en mi vida diaria. Décadas más tarde, mientras jugaba al béisbol con mi hijo de once años, Niles, compartí historias sobre mi infancia, que era muy diferente a la suya.

"¿Qué quieres decir?", preguntó Niles. "¿Es que estaba enfermo?"

La idea de que mi padre y yo nunca pasáramos tiempo haciendo lo que Niles y yo hacíamos con frecuencia era algo inconcebible para él. Para Niles, era lo natural, una rutina. No entendía por qué un padre elegiría dedicar tiempo a hacer otra cosa.

Era una paradoja: las innumerables horas que Niles y yo pasamos juntos y el hecho de que no tenía ni un solo recuerdo de haber hecho lo mismo con mi propio padre.

Mi padre, Theodore Dunham Jr., nació el 31 de enero de 1942 en Lillybrook, Virginia Occidental. Era uno de los nueve hijos que sus padres tenían juntos y uno de los diez por parte de su padre. Además de compartir nombre y un buen porte, mi padre y su padre compartían la afición de "pasar el rato". Cuando era joven, mi padre llegó a ser alto y delgado, de tez color caramelo, pómulos cincelados y ojos marrones oscuros, era todo un "partidazo". Aunque mi papá y sus hermanos tenían buena relación y nuestras familias a menudo se reunían para comer pescado frito rebozado los viernes y para cenar juntos los domingos, estaba claro que era más feliz cuando salía por ahí, bebía y jugaba a las cartas en lugar de ser un padre responsable y protector. El juego, la bebida y las mujeres se convirtieron en vicios que mi padre no podía controlar del todo.

Al crecer, se supone que el hogar de uno es un lugar seguro. Durante gran parte de mi infancia, mi hogar no lo fue. A menudo sentía ansiedad, sin saber nunca cuándo estaba a punto de estallar algo. Mi papá siempre era el detonante. Cuando no estaba, todo estaba tranquilo y en paz. Cuando estaba, todo estaba a punto de estallar. Nunca tuve tiempo de correr a protegerme.

Un caluroso día de verano, por ejemplo, mi papá salió tambaleándose del auto mientras mi hermana mayor Nikki (a quiénn yo cariñosamente llamaba "Shnicks") y yo jugábamos afuera con unos amigos. Como siempre, no hubo ni siquiera un simple aviso antes de que el caos estallara.

"¿Qué estáishh haciendo en el jardín? Sieeeeempre . . . revolviendo . . . joder. . . . Venirrr aquí. . . .", balbuceó mi padre mientras se acercaba a nosotros, mientras nosotros corríamos de vuelta a casa con la esperanza de no pasar más vergüenza.

Mi madre, que estaba sentada en el porche delantero, se levantó de un salto y se dirigió hacia mi padre, con la esperanza de calmarlo.

"Mira, Ted, los niños solo están jugando", comenzó a decirle mientras seguía caminando hacia él.

"Helen, ¿qué diablos quieres? ¡Aléjate de mí!", la interrumpió. Unos pocos vecinos que estaban afuera en este cálido día de primavera comenzaron a mirarlos. Nuestros amigos se iban marchando de nuestro jardín.

"¡Ted, deja a los niños en paz! Estás borracho. Entra ahora en casa y acuéstate", le dijo mi madre.

Shnicks y yo abrazábamos por detrás a nuestra madre.

"¿Con quién diablos crees que estás hablando, Helen?" le gritó mientras la agarraba de los brazos.

"¡Por favor, déjala, papá!", Shnicks le suplicó. "¡Deja a mamá!"

Pero era demasiado tarde. Veía a nuestra madre como su problema y no la dejaba ir. Cuando nuestra madre se retorcía de dolor e intentaba dar media vuelta y escapar, escuchamos un fuerte bocinazo en la calle.

Giramos en la dirección del ruido cuando un automóvil negro avanzaba por nuestra calle, acercándose a nuestra casa, luego se detuvo de repente y estacionó. Se abrió la puerta y vimos salir a mi tía Bárbara. La tía Bárbara era la hermana menor de mi papá y vivía a unas manzanas de distancia. Dejando las llaves puestas y la puerta abierta, corrió rápidamente hacia mis padres y saltó entre mi mamá y mi papá.

Al menos un pie más baja que mi padre, la tía Bárbara miró hacia arriba y suplicó: "Vamos, Ted, aquí no. Aquí no, Ted. Entremos y hablemos de ello. Entra en casa. Venga, vamos, no frente a los niños."

Mi papá murmuró algo inaudible y comenzó a caminar hacia la casa tropezándose con todo, mientras mi tía Bárbara lo separaba poco a poco de mamá. Yo sabía que mi padre tenía un gran respeto hacia sus hermanos y mi tía Bárbara no era menos. Yo estaba avergonzado porque nuestros problemas se airearan de esa manera.

Una vez que mi papá cayó desmayado en el sofá, mi tía nos subió a Shnicks y a mí en su auto y nos llevó a su casa como un respiro tranquilo alejado de la locura. No fue la primera, y seguramente no sería la última vez que nos ayudaría a escapar y darnos algunos escasos momentos de tranquilidad.

Se suponía que mi padre debería reforzar mi masculinidad y virilidad, inculcándome valores, manteniendo a nuestra familia emocional y económicamente. Se suponía que él era nuestro protectorr para hacer de nuestro hogar un refugio. Se suponía que debía estar en casa a tiempo para la cena, preguntarme sobre mi día y jugar al béisbol conmigo en el jardín de delante de la casa. Se suponía que tenía que enseñarme cómo hacer el nudo de la corbata, a afeitarme y cómo invitar a salir a una chica. Shnicks y yo aprendimos y entendimos que nos amaba. Pero en esos primeros días, a menudo estábamos o bien asustados o bien avergonzados por sus acciones, y cada día pedíamos a Dios que hubiera normalidad en nuestro hogar.

Tenía unos doce años cuando supe que la mamá de mi padre murió poco después del parto de su noveno hijo. Mi papá tenía solo cinco años cuando ella falleció. Nunca sabré por qué nunca pudo ser un buen padre para ninguno de sus hijos, pero a menudo me pregunto qué es lo que más le impactó. ¿Fue perder a su madre a una edad tan temprana? ¿Fue la lucha de su propio padre al criar nueve hijos? ¿Fue la muerte y la violencia que experimentó en primera persona en Vietnam? ¿Fue el estrés del trabajo manual que hacía en la compañía Inland Steel, lo que finalmente lo llevó a abusar del alcohol? ¿Fue el racismo que enfrentaron de manera tan generalizada los jóvenes negros en Gary y en tantas otras ciudades y pueblos estadounidenses?

Nunca tuve una conversación con mi padre sobre su experiencia en la guerra, pero mi madre me dijo que él no era la misma persona cuando regresó que cuando se fue. Ella comentó que antes de irse para su servicio de dos años, estaba tranquilo y lleno de energía. Era artístico y le gustaba dibujar. Era divertido estar con él e incluso había creado un grupo para cantar con dos de sus hermanos. Por supuesto, él era el cantante principal y tomaba todas las decisiones. Pero cuando regresó de la guerra, era más retraído. Siempre evitaba hablar de sus experiencias en combate. Una vez le dijo a mi madre que una de sus tareas era recoger los cadáveres y heridos del campo de batalla. ¿Quién no cambiaría tras pasar tanto tiempo con la muerte?

Mi padre creció en una época en la que no se hablaba de salud mental ni era una prioridad para nadie, especialmente para los veteranos. Tantos jóvenes que lucharon y cambiaron para siempre, solo para regresar a casa con poco o ningún apoyo o recursos que les ayudaran a curar las cicatrices físicas, mentales y emocionales que dejó la guerra. Simplemente nadie hablaba de eso.

Al desafío al que se enfrentó mi padre al regresar a casa tras de la guerra se le sumó el racismo omnipresente. No puedo ni imaginarme el rechazo y humillación que sintió, como tantos veteranos, cuando regresó y descubrió que el país por el que había luchado seguía deshumanizándolo y no apoyaba su rehabilitación mental. Además, los beneficios del Departamento de Asuntos de Veteranos de EE. UU., como las bajas tasas de interés para hipotecas al comprar una vivienda, que sus homólogos blancos disfrutaban, no se las ofrecieron a los veteranos negros, al menos no en Gary. Llegó a casa sabiendo que independientemente de cuántos estadounidenses había protegido en Vietnam, él, como hombre negro, no sería respetado ni protegido en Estados Unidos.

Cuando era niño, no contaba con las palabras para describir los cambios de humor de mi padre, su volatilidad, su tendencia a elegir bares y botellas en lugar de mis juegos de béisbol y acompañarme a competiciones de deletrear (Spelling Bees). Trataba la realidad de la paternidad y de la vida adulta de la misma manera. Como adulto, ahora me doy cuenta de que mi padre probablemente sufrió de trastorno de estrés postraumático (TEPT), ansiedad y depresión, lo que incrementó su deseo de escapar de su dura realidad y entrar en sus adicciones. En lugar de asesoramiento y terapia intensiva, mi padre se automedicó con ginebra, vodka y póquer.

Si bien siempre me hice preguntas sobre las experiencias de mi padre y sobre cómo trató de afrontarlas, ya era adulto cuando me interesé sobre la historia de amor de mis padres. Ni siquiera cuando pasé por el altar pensé en preguntar cómo se enamoraron. Cuando finalmente le pregunté a mi mamá cómo se conocieron ella y mi papá, la historia era tan compleja como podía haber imaginado.

"Nos conocimos en un campamento de verano," me contó. "Tenía dieciséis años y vi que era muy guapo y agradable."

No saltaron chispas en los pasillos de la escuela secundaria Roosevelt durante ese caluroso verano de 1958. Pero cinco años después, mi mamá volvió a ver a mi papá en una fiesta, después de su servicio en Vietnam.

"Estaba realmente enamorada de él. Era alto y callado pero seguro de sí mismo. Me gustaba eso de él," recordó.

Aunque sabía que mi padre ya tenía una hija llamada Deneen y que él no estaba presente en su vida, mi madre no pudo resistir su porte alto y esbelto. Una vez otra chica le advirtió a mi madre que tuviera cuidado porque él tenía ojos para otras mujeres. En ese momento, mi madre no prestó atención a ese consejo.

Después de que mis padres se casaron, mi madre descubrió mucho más: otras mujeres, un hijo llamado Darin nacido poco después de su matrimonio con la misma madre que Deneen, apuestas, bebida y un temperamento violento que a menudo daba lugar al abuso físico y emocional. En su primer año de matrimonio, mis padres llevaron la vida de una pareja típica en la década de 1970: iban a conciertos, cenas, fiestas en casa, reuniones familiares y otros eventos sociales. Para cuando se instalaron en su apartamento de Westbrook de 500 pies cuadrados (poco más de 45 metros cuadrados), todo comenzó a ir cuesta abajo. Mi madre temía a mi padre cada vez que comenzaba a beber. El estrés y el abuso se intensificaron mientras ella estaba embarazada de mí. Era tan intenso que, a veces, la tía Shirley tenía que intervenir, poniéndose ella misma en medio de las peleas.

Tenía nueve años cuando mi padre se vio obligado a reconocer a sus dos hijos mayores. Ambos Darin y Deneen estaban en el banco cobrando sus nóminas tras sus trabajos de verano. Darin tenía quince años y Deneen diecisiete. Darin, alto y delgado como mi padre, estaba con su madre a un lado del banco, y Deneen esperaba en otra fila al otro lado del banco con un amigo. Antes de que mi padre pudiera escapar de allí, hizo contacto visual con la madre de Darin, Dee. Mi papá se vio obligado a enfrentar lo inevitable. Con un sombrero de paja beis, una camisa de seda de manga corta, pantalones y zapatos de vestir, mi padre se acercó a Dee.

Se volvió hacia mi hermano y le dijo: "Darin, este es tu padre". Esta frase le pilló por sorpresa y completamente aturdido por la presentación de aquel extraño. Después de un breve apretón de manos y un intento fallido de conversación, nuestro padre intercambió su número rápida e incómodamente con Dee.

Mientras nuestro padre se marchaba, Dee le dijo que Deneen estaba en el otro lado del banco, pero sus nervios se apoderaron de él. Rápidamente se dirigió a la salida, murmurando algo sobre llamarla más tarde. Estoy seguro de que no esperaba encontrarse con sus hijos ese día. No había visto a Deneen desde que tenía dos años, aunque vivían a menos de una milla de nosotros.

Un par de semanas después de ver a Deneen y Darin en el banco, mi padre nos dijo a Shnicks y a mí que teníamos dos hermanos mayores.

"Vienen aquí hoy para que puedan conocerlos," dijo.

"¿Cómo se llaman?", pregunté. A esa edad, saber que tenía hermanos era emocionante.

Cuando entraron en casa, inicialmente me quedé parado, asombrado de lo mucho que mi hermano se parecía a mi papá. La misma constitución y tez, los mismos ojos somnolientos y una copia exacta de su mandíbula afilada. Después de todos los años de intentos fallidos de que mi hermana jugara y luchara conmigo, en realidad tenía un hermano mayor con el que podía pelearme. Después de un minuto más o menos, salté sobre Darin como si fueran las estructuras de barras del parque.

Fue una dinámica extraña al principio. Eran desconocidos, pero estaba feliz de tener alguien más con quien jugar. Mi mamá no dijo mucho. A medida que crecía, me di cuenta cómo se apartaba cuando estaban cerca. Creo que le hacían recordar la falta de voluntad y la incapacidad de mi padre para comprometerse verdaderamente con su familia. Estoy seguro de que Dee sentía lo mismo. Para mi madre era más fácil fingir que las traiciones no existían. Ella nunca culpó a Darin y Deneen, pero decir que nos convertimos en una gran familia feliz y unida estaba lejos de la verdad.

Nos esforzamos por construir un vínculo que hubiera sido natural de haber crecido juntos. A pesar del resentimiento y el dolor que mi papá nos causó a todos, aprendimos a amarnos unos a otros.

Muchos años después, mi hermana Deneen me dijo algo que me encogió el corazón.

"Le escribía a papá una carta todos los años en mi cumpleaños hasta mi último año en la escuela secundaria. En esas cartas le decía que lo único que quería como regalo de cumpleaños era verle", me contó en una llamada telefónica llena de emociones. "Y pensar que aquel día en el banco tuvo esa oportunidad de conocerme y que escogió no hacerlo, me dejó hecha polvo."

Nunca reconoció a Deneen y Darin de niños. Deneen, con razón, sentía envidia de la aparente vida familiar privilegiada que disfrutábamos Shnicks y yo. Pero no sentíamos la presencia de mi padre como un regalo en absoluto.

Lo que Deneen no veía eran las subidas de tono de mi padre en casa. Teníamos amigos que sí presenciaron esas broncas. Muchos iban y se lo contaban a otros en la escuela, y éramos objeto de chismes en la escuela y el vecindario que nos avergonzaban constantemente. Una de estas discusiones nos llevó a mi madre, Shnicks, y a mí a huir de casa para estar seguros con mi abuela materna, a quien crecimos llamando cariñosamente Mamá Hattie. Mi padre fue tras mi mamá.

La confrontación se intensificó cuando él llegó haciendo que todos los adultos acabaran a grito pelado.
"¡Fuera de aquí, Ted! ¡Estás borracho y te portas como un loco!", chilló mi madre.
"¡Cállate Helen! ¿Con quién crees que estás hablando? Sigues cabreándome y volviéndome loco. Será mejor que tú y los niños ..."
"¡Ella ya te dijo que te vayas de aquí!", intervino Mamá Hattie.
"¡No me voy a ir a ninguna parte sin ellos! ¡Ven aquí, Helen!" La rabia de mi padre continuó en espiral mientras se acercaba tambaleándose. "¡Sabes que no estoy jugando, y sabes lo que haré si sigues haciendo esta mierda!".

Mientras mi padre continuaba amenazando a mi madre, Mamá Hattie rápidamente entró en su habitación y volvió con una mano a la espalda.

"Ted, ni se te ocurra dar otro paso más hacia nosotros", dijo con una mirada intensa y amenazadora en sus ojos. "¡Si quieres vivir para contarla, es mejor que salgas por esa puerta!"

Sin decir otra palabra, mi papá retrocedió, se dio media vuelta y se fue.

Mi madre dijo aliviada, "No sabía que tenías un arma, mamá."

Mamá Hattie respondió, "No la tengo", y le mostró a mi madre su mano vacía. Ambas sonrieron y se abrazaron para consolarse. Ambas sabían que mi mamá aguantaba el abuso por el bien de sus hijos.

Muchas veces, mi padre se comportaba de manera abusiva después de que mi madre le preguntaba por qué no volvía a casa después de los días de pago, por qué tan a menudo desaparecía durante días seguidos. En uno de esos incidentes, mi madre saludó a mi padre cuando entró por la puerta y le pidió que continuaran hablando en la sala de estar. Shnicks y yo nos sentamos arriba de las escaleras para poder escuchar. El temperamento de mi madre y la actitud defensiva de mi papá solo fue en aumento.

"¿Dónde has estado, Ted? Necesitamos comida. ¿Qué vamos a hacer sin tu nómina?"

"¡No me preguntes! ¡Es mi vida y mi dinero, Helen! ¡Déjame en paz, maldita sea!" La intensidad de su voz hacía temblar las entrañas.

"Bueno, ¿qué se supone que debemos hacer respecto al dinero? ¡Necesitamos comprar comida y no podemos permitir que nos corten la luz! ¡Tenemos niños y ellos no pueden vivir así!" continuó diciendo mi madre. Instintivamente, mi hermana puso su brazo sobre mi hombro.

"Solo cállate, ¿de acuerdo? No necesito que me repitas una y otra vez lo mismo. Sé lo que estoy haciendo. ¡No necesito que me digas lo que tengo que hacer!"

Frustrada y disgustada, mi madre se levantó para irse. Mi padre le bloqueó el camino y le dejó claro que él tomaba sus propias decisiones.

"¡Esta es mi maldita casa, ¿entiendes? ¡Mierda, no me digas lo que tengo que hacer!"

Su discurso se intensificaba mientras juraba y perjuraba, seguido de un empujón, después tiró una lámpara, luego un zapato y, finalmente, lanzó una silla. Shnicks y yo nos retiramos a la habitación de mi hermana en el piso de arriba, abrazándonos con fuerza, asustados e indefensos. Pedíamos a Dios en silencio que, a pesar de los llantos y los gritos, mi madre estuviera bien.

Años más tarde, ya de mayor, le pregunté a mi madre cuántas veces le había pegado mi padre. Ella respondió:

"Fueron tantas que perdí la cuenta". A pesar de que mi madre tenía razones más que justificadas para enfrentarse a él, en estas peleas ella siempre salía perdiendo, porque él siempre le reñía por simplemente intentar que fuera responsable.

CAPÍTULO 3

EL HOMBRE DE LA CASA

Ver a mi padre borracho fue tan normal durante mi infancia como ver dibujos animados los sábados por la mañana. Él bebía ginebra, por lo que no se podía oler el alcohol, y a menudo escondía botellas por la casa que Shnicks acababa encontrando. Las escondía en la cisterna del inodoro, en la bandeja giratoria de la cocina y detrás de los sofás de la sala de estar y del sótano. Posicionaba sus botellas de manera que pudiera tomar un trago en cualquier pieza de la casa.

Estaba en la escuela primaria cuando volvimos a casa tras una reunión familiar navideña en East Chicago. Mi padre, borracho, conducía el auto de un lado a otro, sobre la mediana de la carretera y de vuelta al arcén de la carretera. Mi madre le pedía que se detuviera y, aunque mi padre hablaba con dificultad y daba respuestas incomprensibles, ella sabía que mi padre estaba enojado.

Shnicks y yo estábamos en el asiento trasero y nos habíamos quedado dormidos tras el largo y ajetreado día. De repente, un brusco movimiento nos despertó a la vez que chocábamos contra el lado del pasajero en el auto. Mi padre se había quedado dormido y mamá rápidamente giró el volante para evitar chocar contra un poste de la luz. Mi madre nos salvó la vida a toda esa noche. Pero, de igual modo, esto también enfureció a mi padre.

"¡Maldita sea, Helen! ¿Qué diablos estás haciendo?" La empujó lejos del volante y gritó que él era quien manejaba el auto. "Estoy bien. No toques el volante. ¡Demonios, casi destrozas el maldito coche y nos matas a todos!" Ella le arrebató el volante en varias ocasiones; era ella la que a menudo asumía la responsabilidad de cosas que él no controlaba. Hacía todo lo posible para protegernos de su comportamiento destructivo, pero con frecuencia no salía bien.

Shnicks y yo teníamos unos nueve y diez años cuando mi padre nos despertó de nuestro profundo sueño una noche. Yo no entendía muy bien lo que estaba pasando. Podía escuchar a mi madre suplicar: "No los despiertes, Ted. Son las dos de la mañana". Pero él insistió en que ambos bajáramos.

Nos frotamos los ojos llenos de legañas y bajamos los escalones con el corazón acelerado, tanto por el miedo como por la curiosidad. Cuando nos ordenó a los dos que nos sentáramos en el sofá, pude ver de inmediato que estaba borracho y enfadado.

"¿Quién dejó este esmalte de uñas en la mesa del café?", acertó a decir.

Todavía medio dormidos, ninguno de los dos respondió lo suficientemente rápido. Comenzó a ondear un .357 Magnum, gritando, "¡ ¡Contéstenme, maldita sea! ¿Quién dejó esta mierda sobre la mesa?!"

Nunca antes había visto un arma tan cerca. Me empezaron a sudar las manos y el corazón me latía con fuerza. Shnicks y yo empezamos a disculparnos como siempre, aunque realmente no teníamos idea de por qué nos estábamos disculpando. Queríamos evitar problemas lo más rápido posible, tras haber aprendido de incidentes anteriores a no complicar las cosas llevándole la contraria. Habíamos aprendido a no enfadarlo, decir que sí y mantener el contacto visual. Hacer cualquier otra cosa empeoraría las cosas.

"¡Ted, por favor! ¡Guarda eso! ¡Los niños no han hecho nada!", suplicó mamá entre lágrimas.

Él seguía, "¡Cállate Helen! ¡Quiero saber quién demonios fue!"

Nos quedamos paralizados, implorándole en silencio. Después de maldecir varias veces, nos dejó marchar. Mientras subíamos las escaleras para volver a acostarnos, él se disculpó y murmuró su «Los quiero".

Esa noche, como tantas otras, Shnicks y yo volvimos a la habitación. Mientras me acostaba, con las manos todavía húmedas, el corazón acelerado y las axilas empapadas, no podía sacar de mi mente aquel brillante revólver y me preguntaba cuándo volvería a inventarse otra razón para enfadarse y sacar el arma otra vez. Mientras me iba quedando dormido, me prometí hacer desaparecer este suceso, no volver a hablar de ello, fingir que nunca había ocurrido.

* * *

Las borracheras de mi padre seguían poniendo en peligro nuestra seguridad. Un día de verano especialmente caluroso, mi padre nos dejó a Shnicks y a mí en el auto mientras él entraba al Blue Room, donde solía pasar el rato. Pensamos que solo serían unos minutos, como había prometido, y no como tantas otras veces en las que la espera parecía una maratón.

Empezamos a hablar, luego jugamos a alguna tontería, y finalmente comencé a molestarla tirándole de las coletas. Después de un rato, nos dimos cuenta del calor que hacía y del hambre que teníamos cuando los más de 30ºC (90ºF) grados de calor nos estaban asando incluso con las ventanillas bajadas. Pensamos armarnos de valor e ir adentro a buscar a mi papá, pero el miedo nos mantuvo sentados en el auto. Sudando como pollos tras lo que nos parecieron horas, nos convencimos de que nuestro padre se había olvidado de nosotros. Sin más discusión, Shnicks abrió la puerta con lágrimas en los ojos y se dirigió a la entrada del club solo para adultos.

Shnicks salió de nuevo y yo estaba ansioso de saber lo que había transcurrido. Antes de que llegara al coche, mi padre salió a trompicones tras ella. No se disculpó, pero fue el viaje más silencioso que que nunca habíamos hecho. Más tarde, Shnicks me contó lo que dijeron algunos de los tipos cuando entró al local.

"Ted, ¿esa es tu hija? ¿Qué demonios? ¿Dejaste a tus hijos en el coche? Hay 30ºC (90ºF) ahí afuera. ¡Saca tu trasero de aquí!", le gritó su colega Tree.

"Sí, Ted. Eso no está bien", dijo uno de los clientes habituales. "Simplemente, no está bien."

Creo que estaba avergonzado. Las palabras de sus amigos le hicieron ver a mi padre que por una vez estaba equivocado. A pesar de que mi hermana mayor sólo me sacaba trece meses, admiré el coraje de Shnicks ese día y muchos otros tantos.

* * *

Durante nuestra infancia, los años más formativos de nuestras vidas, fuimos testigos de tanto. Demasiado. Las heridas eran profundas. Pasarían décadas antes de que pudiera comenzar el proceso de curación y comenzar a lidiar con el trauma y la ira que surgieron de las acciones e inacciones de mi padre.

Cuando me acercaba al final de la escuela primaria, comencé a notar que mi madre, pasiva por naturaleza, comenzó a defenderse, a mantenerse firme. Ya no estaba dispuesta a tolerar las tonterías, la violencia o la manipulación de mi padre.

Creo que se volvió más valiente por mí y por mi hermana. Algo tenía que ceder.

La inestabilidad en nuestra casa, junto con el miedo de lo que nuestro padre pudiera hacer de un día para otro, era demasiado para mi hermana y para mí. Estábamos cansados de vivir con miedo, así que Shnicks y yo le preguntamos a mi abuela si podíamos irnos a vivir con ella en lugar de en nuestra casa llena de caos.

"Estáis locos. Saben que a tu mamá le daría un ataque si no vivieran con ella", nos dijo, mirándonos a través de los grandes cristales de sus gafas. Aunque ella no estaba de acuerdo con nosotros, me di cuenta de que fruncía el ceño y de la preocupación en su voz. «Hablaré con su mamá de lo que está pasando".

No lo sabíamos en ese momento, pero mi abuela presionó a mi madre para que hiciera algo por nosotros, que cambiara su actitud. No estoy seguro de si fue esa conversación o algún otro suceso lo que la convenció finalmente, pero ya había tenido suficiente.

Mi madre finalmente se divorció de mi padre en diciembre de 1983. La mayoría de los niños se sienten fatal cuando sus padres se divorcian. A mi hermana y yo nos pasó todo lo contrario. Yo sabía que el divorcio era una decisión adecuada y bien merecida para mi madre, mi hermana y para mí.

Descubrí la dura realidad del divorcio cuando mi tío Bobby, el hermano menor de mi madre, se sentó en el porche delantero conmigo. «Ahora eres el hombre de la casa, Dez. Debes ser fuerte por tu madre y tu hermana." Las palabras salían de su boca, pero lo único en lo que podía concentrarme era el nudo en mi estómago. ¿El hombre de la casa? A los once años, este fue mi rito de iniciación, una carrera que se esperaba que debía empezar a correr sin un calentamiento real. Entramos en la casa, con la mano del tío Bobby sobre mi hombro. Ni había deseado esto, ni estaba listo para que mi padre saliera de mi casa y mi familia.

Subí a mi habitación y me puse a llorar. Las posibilidades de que nuestra nueva vida familiar tuviera una sensación de seguridad eran escasas o nulas. Sabía que mi relación con mi padre no cambiaría mucho; nunca tuvimos ni una conversación significativa que yo recuerde, nunca.

Una noche, menos de un año después de aquella conversación con el tío Bobby, Shnicks y yo estábamos durmiendo en el piso de arriba cuando de repente nos despertó un fuerte ruido. Corrimos a la habitación de mi madre. Me llevó solo unos segundos saber que tenía que ser yo quien debía investigar y, si fuera necesario, proteger.

"Dez, no puedes bajar ahí", instó mi madre. "Voy a llamar a la policía."

"Mamá, no podemos esperar a que vengan. Voy a bajar. Estaré bien", Dije con tanta seguridad como podía reunir. Luego les dije que cerraran la puerta del dormitorio detrás de mí mientras yo bajaba las escaleras con mi bate de béisbol que me costaba agarrar, debido al sudor de las palmas de mis manos.

Cada escalón que bajaba en silencio, me alejaba un poco más de la niñez. Si me tocaba proteger a mi familia, entonces iba ir a por ello. Pelear no era nuevo para mí. Casi se me salió el corazón por la boca al bajar los últimos escalones, escuchando para ver dónde podría estar el intruso. Mientras bajaba sigilosamente el último escalón del primer piso, con la frente empapada en sudor, seguí recordándome: *Soy el hombre de la casa.* Eché un vistazo a una esquina, no había nada allí. Me arrastré hasta la cocina. Todo seguía intacto. Respiré hondo y salí pitando hacia la sala de estar. Me sentí aliviado y decepcionado a la vez al descubrir que una de las persianas se había caído, haciendo que se cayera un cuadro y se rompiera el cristal de su marco.

"Uff, gracias", me dije, dando un suspiro de alivio. Estaba orgulloso de mí mismo, al igual que mi madre y mi hermana. Me quedé despierto el resto de la noche sintiéndome afortunado y pensando en lo que haría si hubiera una próxima vez.

* * *

En cierto modo, me sentía orgulloso de asumir la responsabilidad de ser el hombre de la casa. Pero también sabía que no era capaz del todo. Mi madre cargó con el peso de ser madre soltera de ser madre soltera, especialmente después de haber sido muy dependiente de mi padre. Al principio, cuando se casaron, ella ni siquiera sabía manejar. Después de tener hijos, dejó de trabajar y dependía de los ingresos inestables de mi padre. Después de unos cuatro años, la situación económica se hizo insoportable. Se vio obligada a empezar a trabajar de nuevo. Iba en transporte público sin importar si helaba, llovía o nevaba, así como si había un calor sofocante en los días de verano. Después de su divorcio, mi mamá aprendió a manejar. Pero eso no significaba que las cosas fueran más fáciles de repente. Económicamente, todavía seguimos seguíamos pasándolo mal.

Mi madre empezó a trabajar horas extra para poder cubrir gastos. Trabajó en atención al cliente para una compañía eléctrica. Por suerte, al fin se compró un automóvil, pero a veces dormía en el sofá del trabajo para poder hacer turnos extra, lo que la mantenía alejada de casa de casa durante lo que a veces parecían días.

Durante mi último año de secundaria, mi madre trabajó a turnos, de día y de noche. Una mañana temprano recibí una llamada de teléfono repentida y ensordecedora cuando todavía estaba durmiendo. Salté fuera de mi cama y levanté el teléfono al tercer timbre.

"¿Diga?", respondí medio atontado.

"Creo que tu mamá ha sufrido un accidente", dijo una voz desconocida. "Tiene mala pinta".

Los latidos de mi corazón retumbaban en mis oídos mientras me vestía y salía corriendo por la puerta. Mi amigo Rodney vivía a la vuelta de la esquina y me llevó al lugar. Estaba abrumado. Cuando llegamos, supe que sólo pudo haber sobrevivido gracias a la ayuda divina. Su auto estaba empotrado en un poste, habían saltado los airbags y había cristales por todas partes.

"¿Dónde está?!", le grité al primer hombre de emergencias que vi. "¡Mamá! ¡Mamá!" Seguí gritando en el aire temprano de la mañana.

Un hombre se me acercó y me dijo, "Soy la persona que te llamó. Ya se han llevado a tu mamá al hospital. Puedes verla allí."

Milagrosamente, mi madre solo tuvo las costillas y el esternón moreteados y na muñeca rota. Tuvo que faltar al trabajo algunas semanas, pero también necesitaba recuperarse del puro agotamiento. Había sacrificado tanto para asegurarse de que mi hermana y yo tuviéramos todo lo que necesitábamos. Ya era hora de que descansara.

Me prometí a mí mismo que mis futuros hijos nunca tendrían que sufrir nada ni remotamente parecido a lo que Shnicks y yo habíamos pasado. Aprendí lo que se sentía al vivir la incertidumbre, decepción, resentimiento e ira debido a la adicción e inestabilidad de mi padre. Solo quería ser fiable y digno de confianza. Mi madre me enseñó eso. Y me crié con amigos del barrio que vivían de acuerdo a un código: *Tu palabra es sagrada. Y punto.* He tratado de cumplir ese código desde entonces.

CAPÍTULO 4

LOS JUEGOS QUE JUGAMOS

"Hey, ¡ahí te va!", lancé la pelota de baloncesto con arrojo a DeWayne.

"¡Estas loco! Es mi balón. ¡Largo de aquí!" DeWayne botó varias veces la pelota en la cancha de cemento y luego corrió hasta sobrepasar la línea de tres puntos.

"Nunca hay que dar marcha atrás", respondí, "Deja de llorar y juega a la pelota. Si no hay sangre, no es falta." Lo seguí a través de la cancha y le di un empujón juguetón.

"Paso. ¡Estás asustado porque estoy a punto de machacarte!" DeWayne me retó.

"¡Deja que lo vea!"

Ese tipo de bromas en la cancha eran el reflejo de un lenguaje típicamente cariñoso y a la vez competitivo en los partidos del barrio. Estar al aire libre, jugar al baloncesto y al fútbol americano, hacer carreras de relevos, lo que fuera, se convirtió en mi escape de la locura. La jerga deportiva era parte tan importante del juego como regatear, lanzar, correr o pasar.

Cada uno de ellos con los que me crié sabían que el código en nuestro barrio era: lealtad, fortaleza mental y orgullo. En la cancha o en un partido de barrio, se jugaba duro. Uno no lloriqueaba ni se quejaba, uno sabía que había que ganarse el respeto.

Durante los veranos, cuando estaba en la escuela primaria, me pasaba todo el día jugando y practicando deporte con amigos. La mayoría de las veces jugaba durante horas, luego volvía a casa para prepararme un sándwich de mortadela y queso, luego volvía corriendo por la calle con el sándwich en la mano, engulléndolo entre respiros, esperando meterme en el próximo partido sin tener que aguantar demasiado tiempo.

Participé un poco en torneos de baloncesto juvenil, pero mis mejores recuerdos son del béisbol en Little League (liga infantil de 4 a 16 años). Inicialmente, elegí el béisbol porque mis amigos y yo podíamos caminar para entrenar cerca, aproximadamente a una milla de distancia, más allá de las vías del tren hasta el campo de béisbol Ambridge-Mann. Ir caminando significaba que no tenía que preocuparme de que alguien viniera a recogerme. Por aquel entonces, mi madre aún no había aprendido a manejar y no podía fiarme de mi padre. Me había dejado plantado en demasiados entrenamientos. La decepción hubiera sido insoportable, así que encontré un deporte que podía practicar y en el que no dependía de nadie. Esos paseos largos con mis amigos y la competición feroz y la camaradería en esos entrenamientos me hacían olvidar cualquier problema en casa.

Resulté ser un jugador bastante sólido en la Liga Infantil. Teníamos un equipo competitivo, los Westbrook Blue Devils, con jugadores de talento, comprometidos a entrenar cada día. El campo no siempre estaba bien cuidado, por lo que a menudo nos encontrábamos con piedras, vidrios y hoyos en el campo. Pero eso no nos impedía jugar a pleno rendimiento. Uno de mis mejores amigos en aquel entonces era Detrick, a quien llamábamos Deek. Teníamos la suerte de tener a su padre, Louis Eldridge, como entrenador. Trabajaba como cartero a tiempo completo. Era un tipo paciente y tranquilo al que no queríamos defraudar.

Jugar al béisbol en el diamante me enseñó a analizar cada jugada, sopesar mis opciones: hacer o no un *swing*, tocar, deslizarse, lanzarse, robar base, ... Tantas decisiones, cada una afectando la siguiente. Mantuvo mi mente ocupada y me ponía retos que me hacían sentir libre. Poco a poco, comencé a liberar algunas de mis energías y emociones negativas.

Nunca olvidaré el único partido de béisbol en el que apareció mi padre. Estaba increíblemente emocionado cuando lo vi de reojo. Tenía tantas ganas de que se sintiera orgulloso... Empecé a imitar al segundo base de los Chicago Cubs, Ryne Sandberg, tratando de copiar sus diferentes posturas de bateo y anticipándome a mi lanzamiento para atrapar un elevado (*flyball*) siempre que fuera posible.

Este era mi momento de lucirme y mostrarle a mi papá que sabía jugar de verdad. El momento no podría haber sido mejor. Había un corredor en primera base y la pelota fue golpeada por el medio. Pude atrapar la pelota y al mismo tiempo pisar la segunda base. ¡Un corredor fuera! Pisé duro y con todas mis fuerzas lancé a primera. ¡La pelota llegó a nuestro primero base medio paso antes que el corredor finalizara la entrada! Pero el árbitro de primera base no lo vio de esa manera.

"¡Dentro!", gritó el árbitro.

"¡Y una mierda! ¡Estaba fuera!", gritó mi padre.

El tono de voz de mi padre y su forma de caminar me hicieron ver que había estado bebiendo de nuevo. Tropezó al salir al campo en mi defensa y comenzó a discutir con el árbitro. "Pero ¿qué diablos estás mirando? ¡Sabes que estaba fuera!" Luego comenzó a lanzar improperios e insultos. Entre mi entrenador y varios otros padres que estaban en las gradas sacaron a mi padre fuera del campo. "Vamos, Ted. Deja que el árbitro siga el juego. ¡Déjalo estar!", era el grito desvanecido de otros espectadores avergonzados por las acciones de mi padre, pero no lo suficientemente conmovidos para apaciguar la escena que él había provocado.

Quería simplemente desaparecer del campo a la vez que mi padre era sacado fuera del campo. Perdí completamente mi concentración. Es el sueño de todo niño que su padre se presente en los partidos y lo vea jugar. Mi padre nunca vino. Cuando finalmente apareció, montó una escena. Fue un triste espectáculo. Algunos de mis compañeros intentaron consolarme. Varios me dieron una palmada en la espalda y otros dijeron lo que pudieron para aliviar parte del dolor que sabían que yo estaba sufriendo.

Mientras salíamos del campo después de la entrada, Deek dijo: "Está bien, Dez. Él tenía razón, hombre. Ese tipo estaba fuera."

Otro compañero de equipo, cuyo padre también tenía problemas con la bebida, trató de simpatizar conmigo y dijo: "Por eso me alegro de que mi padre tampoco venga a los partidos". Sus palabras me hicieron sentir menos solo, menos culpable.

* * *

Muchos amigos del barrio se convirtieron en parte de mi vida mientras crecía. Desde su participación y presencia en los juegos de pelota en el callejón en las canchas de baloncesto en el patio trasero asfaltado, a partidos de hockey sobre el piso del sótano,... todo eso forjaba mi habilidad para escapar de los problemas de mi casa y disfrutar de un mundo en el que me sentía cómodo, donde todo estaba bajo control y disfrutaba de la consistencia de las reglas del juego.

Aunque nuestras piruetas nunca llegarían a verse en el canal ESPN, recuerdo con cariño algunos talentos atléticos increíbles que se ganaron el respeto de todo el barrio. Si por aquel entonces hubieran estado a disposición unos equipos de cámara, hubieran podido grabar unos cuantos partidos intensos de fútbol americano en el "Solar". El Solar era el terreno de juego, frente a la escuela primaria Vohr, a la que la mayoría de mis amigos y yo fuimos.

En cuarto grado, recuerdo uno de esos partidos de fútbol americano que estaba a punto de finalizar. Me alineé junto a Deek en la línea ofensiva. No había ningún trofeo ni ningún título de campeonato en juego. Pero nuestro deseo de lucirnos era igual de intenso.

El balón estaba en el aire. Aunque mis piernas estaban cansadas y mi barriga me llevaba diciendo durante mucho rato que era hora de correr a casa por un emparedado de mortadela y queso, salí de la línea y bloqueé a mi compañero con todas las fuerzas que pude reunir. Deek corrió hacia adelante, luego se lanzó en diagonal en su ruta de avance. Aunque hoy la estrella de la NFL Odell Beckham Jr. es famoso por agarrar la pelota con una mano para lograr un touchdown, Deek hizo la primera atrapada con una mano que yo jamás había visto antes. Cuando estiró su brazo derecho por encima de su cabeza mientras saltaba lo que parecían tres metros en el aire y agarraba la pelota, nos volvimos absolutamente locos. Nuestro equipo corrió para abalanzarse encima suyo celebrándolo, chocar las manos y reír. Incluso nuestros oponentes aclamaron con asombro ante el alucinante y ya legendario movimiento de una mano de Deek.

Vivía para esos partidos. A menudo, mientras estaba en la escuela, mi ánimo se recuperaba al instante tan pronto como sentía un toque en el hombro por parte de un compañero de clase, quien a su vez me daba un papel arrugado que enumeraba los equipos que jugarían el partido de la hora del almuerzo. Nuestros maestros nunca supieron cómo, justo delante de sus narices, organizábamos complejos grupos de torneos y equilibrábamos las listas de equipos mientras se suponía que debíamos estar aprendiendo a multiplicar fracciones. Esos días dieron forma a nuestra creatividad, pensamiento crítico y cualidades atléticas.

Aun así, sin los recursos de los barrios más ricos de Indiana, usábamos palos como bates; baldes como bases. Usábamos trapos para jugar a fútbol bandera y, a veces, palos de escoba para jugar al hockey. Nuestra comunidad seguía alimentando nuestros sueños de que sólo el baloncesto u otros deportes, serían las únicas posibilidades que tendríamos para salir de nuestra ciudad, en continua crisis económica. Crecimos imaginándonos ser atletas superestrellas que mantenían económicamente a nuestras familias y amigos, pero, para muchos de nosotros, era nuestro único sueño y, creíamos que sería nuestra única alternativa.

Este objetivo nos mantenía unidos en una especie de hermandad, y esperábamos con ansia esos largos días de verano, los días en los que no teníamos que preocuparnos por nada más que divertirnos como niños. Era nuestra salida. Y era mi vida.

CAPÍTULO 5

LA HISTORIA DE DOS CIUDADES

———

Al criarme en los años setenta y ochenta en Gary, no sabía mucho sobre la historia de mi ciudad natal. Ya de adulto, me di cuenta de que la mayoría de la gente ni siquiera había oído hablar de ello y que los que sí no la tenían en gran consideración. Podría ser que, al ver los edificios en ruinas, a la gente negra merodeando por las calles y a algún veterano con traje morado o rojo pensaran que la ciudad no tenía mucho que ofrecer.

Lo que yo sí sabía de Gary era que me hacía sentir increíblemente orgulloso y tenía una conexión auténtica con mi comunidad. Mientras caminaba hacia mi modesta casa de ladrillo rojo de dos pisos desde la escuela o hacia el parque para jugar a la pelota, estaba acostumbrado a ver vecinos y rostros familiares que me saludaban con entusiasmo. Una sonrisa. Me saludaban con la mano. A veces, un saludo personal.

"¡Hola, Dez! ¿Qué tal tu madre?", o: "¡Cariño, ten cuidado al cruzar la Quinta Avenida!"

Después de dejar nuestro apartamento en Westbrook cuando tenía seis años, mi barrio era un conjunto de casas independientes bien construidas con amplios patios delanteros y muy pocas cercas. Eso nos permitía correr por los jardines delanteros de las casas durante nuestras peleas con bolas de nieve y nuestras carreras de relevos. Lo que más recuerdo de la ciudad es su energía. Igual que la mía. Reafirmó lo que era yo como persona, como persona negra. No sentía la falta de recursos o los sistemas opresivos en ese momento. Me sentía visto, aceptado y amado. Gary era mi hogar. Gary era yo.

Gary fue una ciudad planificada y desarrollada en 1906. La compañía US Steel fue la responsable de diseñar lo que sigue siendo la ciudad de la compañía más grande del país. Fue apropiadamente acuñada como «La Ciudad del Acero» para reflejar la visión de sus fundadores de crear una ciudad pujante a espaldas de la industria del acero. En la década de los 40, Gary era un refugio para inmigrantes y negros del sur como parte de la Gran Migración. Gary atrajo a todo tipo de personas que buscaban el sueño americano. (Davich, 2015)

Para cuando yo era joven, las promesas de la ciudad se iban disipando. La industria siderúrgica languidecía, la marcha de la población blanca dejó importantes brechas económicas y las oportunidades de la cercana Chicago llevaron a muchos negros a abandonar mi ciudad natal. El Gary en el que yo crecí era predecible. O seguías el ciclo o te arriesgabas a terminar en el lugar equivocado en el momento equivocado. De cualquier manera, no te podías escapar de los problemas.

A pesar de las muchas dificultades, nuestra ciudad tenía mucho carácter. Y no solo porque los Jackson Five eran de allí.

Recuerdo haber comprado en The Village en Grant Street. El área comercial y minorista era tan vibrante... Nunca me gustó ir de compras, pero me encantaba ver a la gente. Siempre nos encontrábamos con alguien que conocíamos. Mientras mi madre y mi hermana se tomaban su tiempo en los supermercados y tiendas de ropa como JCPenney, Montgomery Ward y Sears, yo encontraba mis propias aventuras jugando al escondite, volviendo loca a mi mamá. Una vez, mis travesuras en el supermercado A&P me ocasionaron ocho puntos de sutura en la frente. Aquel sábado por la mañana, mi madre, mi hermana y mi tía parecían tardar una eternidad, escudriñando por todos los pasillos y examinando cada etiqueta y cada precio. Para cuando teníamos dos carros llenos, yo estaba metido en mi juego de lanzarme por cada pasillo, serpenteando entre carros y personas lo más rápido que podía. Cuando giré la esquina al final de un pasillo para seguir corriendo por el siguiente, choqué contra el borde de aluminio del carrito de alguien. Me detuvo en seco. Aturdido, escuché gritos frenéticos y me pregunté el porqué de tanta conmoción.

Cuando la tía Shirley vio toda la sangre y mi herida, su instinto de enfermera se activó. Inmediatamente le dijo a mi mamá, "Helen, tenemos que llevarlo al hospital. Necesita puntos de sutura."

A pesar de los golpes y magulladuras en nuestras vidas, siempre cuidábamos los unos de los otros. Sentíamos como si tuviéramos todo lo que necesitábamos allí mismo en Gary, con una red de apoyo estable compuesta de familiares cerca nuestro. No era mucho, pero era más que suficiente para mí.

Incluso la escuela era como un refugio seguro. Tuve la suerte de comenzar mis años de primaria en un programa de matemáticas para superdotados y talentosos. No hay duda de que esto sentó mi base como pensador crítico y analítico. Me sentí apoyado por maestros como la Sra. James, la Sra. Hatten y la Sra. Graham. Estaban encantadas de enseñarme y me di cuenta de que creían en mí. Cuando llegué al sexto grado y entré a la escuela secundaria, la escuela era solo un juego. Aprendí a arreglármelas y ya no tenía curiosidad por aprender.

Un día, estaba sentado en una clase de secundaria con un nudo en el estómago. Parecía que todos los demás podían leer los capítulos de nuestro libro de literatura y responder a las preguntas mucho más rápido que yo. Siempre tenía que volver atrás y releer los párrafos porque no recordaba lo que leí. Comencé a sentir pavor en la mayoría de mis clases y, finalmente, la escuela se volvió aburrida.

A menudo me distraía con lo que pasaba fuera de la ventana de mis clases: pájaros, camiones, la lluvia. A veces me distraían los pensamientos sobre el caos de mi familia. Mi padre aparecía de nuevo, de vez en cuando, tratando de recuperar el corazón de mi madre. Él realmente no mostraba interés en lo que yo estaba haciendo, por lo que sus visitas inesperadas nos causaban más caos.

"Presta atención, Desmond", decían mis profesores, pasando junto a mi escritorio y tocándolo para que recuperara la concentración. La idea de que algún día escribiría un libro habría sido objeto de risas en ese entonces.

No lo sabía en ese momento, pero una de las razones por las que la escuela se volvió tan difícil fue por mi dislexia no diagnosticada. A medida que los textos eran más largos, se hacía más difícil procesar de manera rápida y precisa lo que estaba leyendo. Mezclaba la ortografía de las palabras, incluso las que sabía escribir y las que había leído correctamente antes. Perdí la confianza en mí mismo y evitaba incluso intentar leer textos complejos, inhibiendo aún más mi desarrollo a medida que avanzaba en la escuela.

En la mayoría de mis clases, no costaba mucho conseguir un aprobado, así que seguía las normas y hacía lo suficiente para no reprobar. Iba a la escuela sólo para el recreo y la educación física, donde los juegos y partidos a menudo resultaban en peleas. Siempre trataba de controlarme, pero a veces, estallaba. Por lo general, era tranquilo y fácil de tratar. Pero cuando superaba el límite, se accionaba un interruptor y mi temperamento estallaba. Incluso un pequeño malentendido en Tolleston Middle School acababa rápidamente en una pelea de gritos en toda regla, que se convertía en empujones y luego en una lluvia de golpes.

Una de estas peleas ocurrió en séptimo grado durante la clase de matemáticas del Sr. Whiteside. Estaba resolviendo los problemas en mi cuaderno de ejercicios cuando Lawrence pasó a mi lado y me movió el codo, haciéndome escribir una raya en el papel. Él resopló, mostrando su sonrisa tramposa. Intentaba hacerse el gracioso y funcionó. La clase empezó a reírse, pero a mí no me hizo ni pizca de gracia.

Salté, gritando, "¡¡Hermano, te has equivocado de persona!"
Él continuó con sus risillas y siguió de camino a su asiento.
Ah, así que está tratando de hacerme quedar mal, ¿eh?, pensé.
¡Le voy a enseñar que no soy un tontorrón!

No pude dejarlo pasar y comencé a ir tras él. Antes de que el Sr. Whiteside pudiera levantarse de su escritorio, me acerqué lo suficiente a Lawrence para darle un fuerte empujón, lo que hizo que tropezara con su escritorio. La clase volvió a estallar en carcajadas. Lawrence se defendió, y después de algunos golpes por ambas partes, el Sr. Whiteside nos separó, obligándonos a calmarnos.

Pensé que eso era el final, pero más tarde ese mismo día, estaba sentado en la clase de inglés cuando vislumbré la parte de atrás de la cabeza de una mujer justo afuera de la puerta entreabierta de nuestra clase. Los rizos sueltos negros y grises eran extrañamente familiares.

¿*Era Mamá Hattie?* Inmediatamente puse mi espalda derecha y fijé mis ojos en el pizarrón. Durante los siguientes minutos, fui el niño más atento de la clase, pero eso se interrumpió cuando me llamaron a la oficina del director. Me sudaban más y más las manos mientras caminaba por el pasillo. No le tenía miedo al director y sabía que el castigo era inevitable. Lo que más me aterrorizaba era la posibilidad de ver a Mamá Hattie al otro lado de la puerta de la oficina. El Sr. Whiteside era un amigo de la familia, pero definitivamente no me imaginaba que llamaría a casa tan rápido.

Cuando llegué a la oficina, la secretaria señaló con la cabeza hacia la puerta del director. Cuando entré sigilosamente, Mamá Hattie estaba sentada en la silla frente al escritorio del director. Recuerdo vagamente la conversación. Asentí con la cabeza cuando lo consideré apropiado, pero mi mente iba más rápido, tratando de evitar volver a casa con Mamá Hattie. Sabía bien como era y se sentía su ira, y preferiría estar en cualquier otro lugar menos con ella cuando estaba cabreada.

"Chico, ¡en qué estabas pensando!" comenzó a decirme después de salir de la oficina. "¡Me llaman de la escuela por tu comportamiento, y además me dicen que tus notas son malas!" Ella tomó aliento y comenzó de nuevo. "¡Parece mentira, Dez! ¡Sabes que tu mamá se mata trabajando para asegurarse de que tú y tu hermana tengáis lo mejor, y tú estás comportándote como un tonto en la escuela! ¡Debería darte vergüenza!"

Cuando entramos en el carro, cerró la puerta de un portazo y me dio una colleja. Mis ojos se llenaron de lágrimas al sentir su desdén. Rápidamente, pero sin éxito, traté de contener las lágrimas. El viaje a casa fue más del mismo sermón, pero mi mente bloqueó la mayor parte mientras me concentraba en reprimir mis sentimientos de rechazo e indignidad, ocultándoselos a ella y a los demás.

Estaba acostumbrado a aprobar raspado. Llegué a la escuela secundaria, por los pelos.

Horace Mann High School abrió sus puertas en 1928, durante una época en la que todavía existía la segregación legal en los Estados Unidos. Construida en un principio para estudiantes blancos, su nombre hacía honor a un destacado defensor de la educación pública en los Estados Unidos. Tenía un hermoso paisaje con un estanque, colinas ondulantes, un barranco y una reserva de aves. La escuela tenía piscina y varios gimnasios dentro de sus enormes infraestructuras de inspiración romana. (Bullet, 2020)

Para cuando yo era un estudiante a finales de los 80, Horace Mann había pasado de ser una escuela solo de blancos a una escuela solo de negros. El entorno se había deslucido, y bromeamos sobre cómo había desaparecido la hierba incluso de los cuadros antiguos. Nuestro campo no estaba en buenas condiciones para poder jugar al fútbol y nuestra piscina estaba vacía e inutilizable.

Aunque teníamos un espíritu escolar que se podía ver en en la marea de energía gris y roja durante los partidos, nuestra realidad también incluía tensión y violencia. Había una o dos peleas a diario. Me avergüenza decir que participé en muchas de ellas. Cuando era adolescente, nunca asistía a una fiesta o reunión social pública que terminara a la hora prevista. Siempre acababa antes de tiempo por culpa de peleas o disparos.

A pesar de la adversidad inherente, finalmente conseguí un avance académico personal en décimo grado. Fue en la clase de geometría del Sr. Harvey. Reconoció que tenía buena memoria y siempre me felicitaba por mi pensamiento analítico. Eso fue un gran subidón de autoestima.

Yo manipulaba fácilmente diferentes fórmulas, teoremas y postulados para encontrar formas más simples de calcular la respuesta que el libro de texto. El Sr. Harvey era bastante tranquilo, de estatura promedio, con el pelo corto y canoso. A menudo, te pasaba su tiza y se sentaba.

"Vamos, Desmond. Enseña a la clase cómo resolviste el problema. ¡Creo que tu forma es mejor que la mía!", decía con cariño, mirando a través de sus anteojos de montura grande.

Esa frase, ese estímulo, esa libertad del Sr. Harvey me dio resolución y autonomía en el aula. Eso era poderoso. Me sentí valioso allí de pie en el pizarrón con los ojos de la clase y de mi profesor puestos en mí. Esos días en la clase del Sr. Harvey activaron mi capacidad creativa y analítica y, sobre todo, aumentaron mi confianza y autoestima. Me di cuenta de que no tenía que ser una versión de mí mismo basada en las deficiencias que sentía. Podría elevarme a una versión más auténtica de mí mismo.

En cambio, durante mi último año de secundaria, tenía una profesora de inglés llamada Sra. Smith que me retaba y, francamente, no me dejaba espacio para respirar. No aceptaba ningún trabajo fuera de plazo, solo me permitió ir al baño una vez en todo el semestre y no dudaba en avisar a mi madre o mi abuela cuando bajaba mi rendimiento en clase.

La Sra. Smith tenía la costumbre de cambiarnos de asiento en clase después de cada examen, organizándonos según nuestras calificaciones. Mi mejor amigo Byron y yo normalmente competíamos por la penúltima silla. Mientras no fuéramos los últimos, pensábamos que habíamos logrado algo. De hecho, tuve el atrevimiento de reírme de él cuando se sentó en el último asiento, y yo estaba solo uno por delante con una nota 0.1 más alta. Me pregunto por qué no sentí ninguna vergüenza ni cuestioné su manera de enseñar. Simplemente acepté que se suponía que debía estar en la última fila y, a menudo, en la última silla. No me veía a mí mismo como alguien que se suponía que debía tener buenos resultados en la escuela.

Un día después de clases, la Sra. Smith me pidió que me quedara para hablar otra vez con ella. «Dez, sabes que te he estado encima todo el semestre. Simplemente no estás trabajando lo suficientemente duro en mi clase. Por la manera en cómo estás rindiendo ahora mismo..., tú y yo nos volveremos a vernos en el curso de verano.»

Su último comentario resonó de una manera diferente a todos los demás. Mis hombros se hundieron y no pude aguantar su mirada. Podía sentir su esperanza en mí disiparse, socavando un agujero en mi orgullo. Ella no creía que yo fuera capaz. Necesitaba mostrarle que estaba equivocada. Ella vería que yo era capaz si tan solo tuviera a alguien que me empujara en la dirección correcta con la motivación adecuada.

Nuestro siguiente examen, *Hamlet* de Shakespeare, fue tres días después. Convencí a Byron de que me acompañara en sesiones de estudio toda la noche. Nuestro objetivo era evitar los dos últimos asientos una vez la Sra. Smith revelara su nuevo plan de sentarse en el aula. La primera noche, preparamos algo ligero para comer y nos replegamos en mi sótano. Memorizamos líneas, reescribimos nuestros apuntes y preparamos algunas tarjetas de estudio. Y cuando uno de nosotros se quedaba dormido, el otro le daba un empujón para interrumpir la siesta que tanto anhelamos. Hicimos todo lo posible para asegurarnos de que entendíamos el vocabulario, el desarrollo del personaje y la trama.

Estudiaba mientras comía. Hojeé mis tarjetas de estudio mientras me cepillaba los dientes. Necesitaba demostrarme algo a mí mismo y a la Sra. Smith. En mi opinión, este examen era una competición, una que necesitaba ganar. Me había enfrentado a grandes oponentes en la pista, en el campo, en todos esos partidos de barrio. Sabía lo que se sentía al ser el perdedor.

En la segunda noche de estudio, era un zombi, privado de sueño, pero aguantando el tirón. Byron y yo nos hacíamos preguntas el uno al otro, nos dormíamos, nos despertábamos, a la vez que tragábamos Mountain Dew.

La mañana del examen, sentía un cosquilleo en el estómago. Seguía leyendo mis tarjetas de estudio manchadas de comida mientras caminaba hacia la escuela y en las clases de por la mañana. No podía calmar esa sensación en el estómago cuando entré a la clase de la Sra. Smith, pero había estudiado más que nunca. Fue una muy buena sensación entrar sabiendo que, por una vez, estaba preparado.

Me senté y me aseguré de tener un lápiz afilado de más. ¡*Vamos allá!* Bajé la cabeza. Con cada pregunta, me emocionaba más. ¡De hecho, sabía la mayoría de las respuestas! Estaba orgulloso de poder analizar las preguntas y recordar las respuestas en lo que había estudiado. Después de un tiempo, mi preocupación por mi lugar en los asientos desapareció por completo.

Al día siguiente, cuando la Sra. Smith anunció los resultados del examen y la nueva lista de asientos, Byron y yo éramos los números veinte y veintiuno de treinta. Saltamos sobre un puñado de compañeros de clase y, lo mejor de todo, ¡salimos de la fila de los suspensos! Pero aún más asombroso, obtuvimos dos de las calificaciones más altas en la prueba. Al final de la clase, la Sra. Smith me entregó un sobre con fecha de dos meses atrás. Era una nota suya que decía: "Sabía que podías hacerlo, Dez."

Aprendí una simple pero valiosa lección. Había trabajado duro en la escuela. Había obtenido resultados. Con dislexia o sin ella, dependía de mí encontrar la manera de hacer el trabajo.

Mis días de escuela secundaria estuvieron llenos de altos y bajos en lo académico. Tenía algunos buenos maestros y algunos otros que nunca llegaron a conocerme ni a mí ni a mis sueños.

Ojalá pudiera decir que mis mejores recuerdos de la escuela secundaria fueron todo lo que aprendí allí. Pero no fue así. De hecho, la experiencia se empañaba más y más con la desesperada realidad de Gary.

Una noche, fui a un partido de baloncesto con Byron. Era en Roosevelt High School, directamente al otro lado de la calle del proyecto de viviendas sociales Delaney y aproximadamente a dos millas al sur de Horace Mann. Después de que terminó el partido, me fui y caminé hacia mi auto. Antes de arrancar, miré hacia arriba y me quedé boquiabierto. Vi a dos tipos corriendo con puro miedo en sus rostros y un grupo de al menos veinte personas persiguiéndolos. Rápidamente, me di cuenta de que se dirigían hacia mí. Mi corazón se aceleró mientras buscaba a tientas mis llaves. Los dos pobres muchachos pasaron junto a mí y se subieron al auto al lado del mío. Por desgracia, no tuvieron tiempo suficiente para arrancar el coche y salir de allí. El grupo llegó y los atrapó, y lo que presencié a continuación lo recordaría durante años. Fue una de las peleas más injustas que jamás haya visto. Varios tipos de la multitud saltaron sobre el capó. Otros rompieron las ventanas. Finalmente, los dos tipos que se metieron en el automóvil para resguardarse fueron arrastrados hasta la acera. Y fue entonces cuando empezaron los pisotones y las patadas con una intensidad feroz. Los gritos y gemidos me estremecían. Y luego cesaron.

El carro que tenía delante parecía como si hubiera pasado por una trituradora. Los dos chicos estaban quietos y en silencio.

Uno de los pandilleros miró mi matrícula y gritó a través de mis ventanas subidas hasta arriba, "¡Sabemos dónde encontrarte!". Lo que significaba: *No tendrás problemas con nosotros siempre que te ocupes de tus asuntos.* La multitud escapó celebrando su hazaña.

Después de recuperarme un poco, salí a toda velocidad del estacionamiento con mi mente centrada en esos dos chicos. Este tipo de peleas de pandillas no tenían límite. Los "Discípulos", "Vice Lords" y los grupos de barrio eran solo algunas de las pandillas, junto con otras cuadrillas territoriales y clanes de varios proyectos de viviendas sociales. Hasta que no fui mucho más mayor, no me di cuenta de lo poco saludable que era este entorno. Para mí era normal ver peleas, violencia y desesperación.

En mi caso, mantuve la cabeza gacha y me concentré en los deportes, especialmente cuando tenía problemas en lo académico. Vivía para las competiciones y el compañerismo que brindaban los deportes. No buscaba problemas y tuve suerte de que los problemas no me encontraron. Vi a los chicos mayores que eran atletas serios, y recibían "pasé de atleta", lo que significaba que los pandilleros se mantendrían alejados de ellos. Significaba que podías andar libremente por el barrio y evitar ser acosado. Era como si los vagabundos y los pandilleros reconocieran que los atletas tenían la oportunidad de tener éxito y los apoyaban.

Atleta o no, todavía había ritos de iniciación peligrosos y sin sentido que había en Gary, como el *"knockout"*. Era un juego en el que los muchachos apostaban entre sí para darle un puñetazo improvisto a un extraño, y cada uno tenía un puñetazo para noquear a alguien. Sé que para la mayoría de la gente este juego parece espantoso. A menudo les recuerdo a mis alumnos, a mis compañeros y a mis colegas que cuando una persona no recibe la educación adecuada desde la más tierna infancia, sus oportunidades de éxito se reducen más y más. Como resultado, esta misma persona en algún momento no tiene una visión de futuro y, sobre todo, no tiene esperanza. Es un estado mental peligroso. Estás enfadado, hipervigilante. No tienes esperanza ni respeto por ti mismo y, por lo tanto, no sientes absolutamente ningún respeto por los demás. Lo que significa que no tienes ningún inconveniente en golpear y herir a cualquier otro.

La esperanza y el trauma de Gary fueron fundamentales para dar forma a mi identidad. El apoyo de mi familia y amigos me sostuvo. Al mismo tiempo, la falta de recursos en la ciudad limitó mis oportunidades. Tan profundamente conectado me sentía a Gary, pero, también me sentí obligado a ver las oportunidades que otros lugares y circunstancias podían ofrecerme.

CAPÍTULO 6

ROMPIENDO BARRERAS

En el verano antes de comenzar la escuela secundaria, vivía en las canchas de baloncesto. Mis sueños de convertirme una estrella de baloncesto eran un aspecto evidente de mi imaginación. Sentía que ese era mi futuro.

Un caluroso día de verano en agosto, unas dos semanas antes de que comenzaran las clases del grado nueve, estaba jugando al baloncesto con unos cuantos. Llevábamos jugando horas, pero aun nos faltaba mucho para darlo por acabado.

"Hey, me tengo que ir", dijo un chico alto que no conocía muy bien.

"No, hombre, vamos. Si te vas, los equipos quedarán desiguales", respondí.

"Tengo que irme a casa para descansar y después ir a Mann para practicar campo traviesa", se excusó mientras seguía caminando fuera de la cancha.

Los horribles recuerdos de mis pruebas de deportes en séptimo grado me invadieron de repente. Dije rotundamente, "¡Oh, diablos no! Nunca voy a volver a hacer eso. Me meteré en el equipo de baloncesto en invierno y tal vez en el de béisbol en primavera."

Me sorprendió desprevenido cuando respondió encogiéndose de hombros: "Todos los jugadores de baloncesto tienen que jugar al fútbol o correr a campo traviesa". ¡Quedé atónito! ¿¡Estaban compinchados los entrenadores de baloncesto de la escuela media y secundaria!? Tenía que haber alguna conspiración.

Dos horas más tarde, caminé desganado hasta la prueba de campo atraviesa. No sabía que esa decisión cambiaría la trayectoria de mi vida. Agotado por jugar bajo el sol, estaba desanimado y no estaba preparado para soportar otra complicada prueba. Pero puse mi mente en el objetivo final. Me encantaba el baloncesto y, más que nada, quería formar parte del equipo de grado nueve. Identifiqué rápidamente al hombre alto y fornido que tenía la libreta y el silbato. Conocí al entrenador, Roosevelt Pulliam. Todos lo llamaban "Jefe". Era un líder que inspiraba respeto con su mera presencia. Aunque, lamentablemente, la palabra *jefe* se ha utilizado discriminatoriamente con los pueblos indígenas y los pueblos originarios, nos referimos al entrenador Pulliam como "Jefe" porque le teníamos el máximo respeto.

Mientras me acercaba para presentarme, el Jefe rápidamente gruñó: "Llegas demasiado tarde, hijo. Solo faltan unas semanas para el primer encuentro. No tendrás tiempo para prepararte, pero si realmente quieres intentarlo hoy, no te detendré". Su sonrisa falsa demostraba que no creía que tuviera ninguna posibilidad.

Nos llevaron a todos a la prueba a unas tres millas y media al sur de Mann.

El Jefe me puso junto con Wyman Ashford, un joven del grado once que era un veterano en el equipo.

El Jefe dijo: "Si consigues superar lo de hoy, te volveré a llamar." *Al menos esta vez sabía que no debía correr al frente y machacarme antes de poder terminar.*

Mi experiencia previa en la escuela intermedia me alertó de cómo podía ir esto. Aunque no tenía muchas ganas de correr, sabía que podía aguantar.

Una vez que el Jefe se fue, Wyman me preguntó: "Hey, colega, ¿cómo te llamas?"

Lo miré, fijándome en su complexión fortachona y musculosa, más de jugador de fútbol que de corredor de fondo. Respondí: "Desmond, pero todos me llaman Dez. Voy a ser un estudiante del grado nueve cuando comiencen las clases."

"Eso ya lo veo", dijo entre dientes y sonrió. "Solo trata de seguirme el ritmo. No te mataré hoy. Esta vez mantendré el ritmo lento y pausado. No te preocupes. Estarás bien."

Wyman y yo comenzamos a alejarnos trotando bajo un calor sofocante con el sol pegando intensamente. Hacía un calor y una humedad terribles. Y lo peor de todo, llevaba mis deportivas de baloncesto. En algún momento durante la primera parte de la carrera, las palabras del Jefe resonaron en mi cabeza: *Si consigues superar lo de hoy, te volveré a llamar.* Sólo tenía una oportunidad.

Tragué la poca saliva que me quedaba en la boca, que se estaba volviendo cada vez más seca. Casi dos millas después, se me hacía cada vez más difícil respirar. Wyman trató de mantener conmigo una conversación, haciendo un montón de preguntas, pero a fin de cuentas no podía reunir el oxígeno y la fuerza para responder. Estaba conservando cada aliento, tratando de extraer y usar cada molécula de aire que me quedaba en los pulmones. Una y otra vez, mi mente suplicaba, ¿Cuándo terminará esto? ¿Cuándo terminará de una vez?

Finalmente, Wyman dijo: «Ya casi estamos llegando, hombre». Mis preocupaciones se disiparon. Pero «casi llegando», para mi disgusto, no era el final. Era solo nuestra vuelta, todavía a una milla de distancia. Mi rostro frunció el ceño con incredulidad. Seguí tirando para adelante, mi pecho se comprimía y mi pulso latía en mis oídos. ¿*Solo la mitad de la carrera?* Mis piernas amenazaban con ceder con cada paso. ¿*De dónde voy a sacar la fuerza para seguir?* Necesitaba una razón para detenerme. Pensé rápidamente y luego me arrodillé para desatar mi zapato, solo para volver a atarlo, dándome la oportunidad de recuperar un poco de aliento. Hubo una fracción de segundo en la que pensé en rendirme, pero mi mente rápidamente me recordó cómo me sentí cuando me separaron del equipo de campo traviesa de séptimo grado. No entrar en el equipo de baloncesto de la escuela secundaria por culpa de haber fallado la prueba de campo atraviesa no era una opción. Solo pesaba 128 libras, por lo que el fútbol no iba a ser lo mío. En los milisegundos que me llevó sopesar mis opciones, me di cuenta de que estaba en esto hasta el final. *Vamos, Dez. ¡Lo vas a conseguir!* Me daba ánimos a mí mismo para continuar.

En ese momento, con todas mis fuerzas físicas debilitadas, comencé a recordar mi pasado: lo indigno que me hacía sentir mi padre, cómo mi mamá hacía sacrificios cada día...

Haciéndome eco lo que había escuchado demasiadas veces: *Dez, eres demasiado pequeño, eres demasiado lento y no tienes el talento!,* me hacía esforzarme más y más para seguir el ritmo que Wyman estaba marcando. *Vamos, Dez. ¡Puedes hacerlo!* Estaba sintiendo algo que nunca antes había sentido, pero no se trataba del dolor. Ansiaba la recompensa. Quería desesperadamente formar parte del equipo escolar por primera vez. Quería sentirme orgulloso, querido y digno.

Quería tener ese sentido de pertenencia. Y quería tener mi propio lugar. De alguna manera sentía que correr me ayudaría a dejar mi huella en el mundo.

Luchando por respirar, sentía mi corazón a cada paso. Luego comenzaron los calambres, seguidos de una acumulación de ácido láctico en mis piernas. Golpe en el cuerpo tras golpe en el cuerpo, estaba destrozado. Seguía repitiéndome a mí mismo: *Vamos, Dez, solo un poco más*. Justo en el momento en que casi pierdo toda la confianza de poder volver a respirar normalmente, Wyman soltó esas dulces palabras de nuevo: "Ya casi estamos llegando."

Estábamos cerca del campo de golf en Gleason Park cuando jadeó: "Si puedes guardar un secreto, podemos entrar en el club para beber un poco de agua".

Inmediatamente jadeé, "¡No voy a decir una palabra!"

"Una cosa más", dijo. "Tienes que darte prisa y beber un par de sorbos antes de que nos echen!"

"¡Hecho!", acepté.

Entramos en el club de golf, que tenía el aire acondicionado, sudando muchísimo, y nos dimos cuenta de que muchos de los golfistas no estaban contentos de que asaltáramos su club. Wyman mantuvo su palabra y le tomó solo un segundo y medio tomar un par de sorbos. Pero mi cuerpo me traicionó a mí y a Wyman porque bebí durante cinco, seis, tal vez siete segundos, el tiempo suficiente para que el gerente de Gleason Park se fijara en nosotros y luego nos gritara que saliéramos. Fue la mejor agua que he probado en mi vida. Esa agua fue el combustible para seguir aguantando en la carrera con estoicismo.

Abrimos la puerta de golpe y Wyman echó a correr. Le seguí y enseguida volvió el dolor. Ese sentimiento familiar en mi pecho me hacía sentir cada vez más ansioso a cada paso. Mi pecho al rojo vivo, no poder respirar, la debilidad en mis extremidades eran todos los signos preliminares del tan temido ataque de asma. ¿Debería parar? ¿Había traído mi inhalador? Simplemente no podía tomar ese riesgo.

No podía correr más rápido. Había bajado el ritmo de la carrera y corría a paso de peatón. Cuanto más nos acercábamos a la meta, más ánimo me daba Wyman. Aunque el sudor le caía por la cara y su camiseta estaba empapada, Wyman parecía no tener dolor. "Vamos, Dez. Lo vas a conseguir, hombre!", me seguía animando. "¿Quieres entrar en el equipo? Sigue adelante. ¡No te detengas!"

Finalmente, vislumbré la línea de meta a unos 800 metros. Mis ojos se centraban en el objetivo en lugar de en el poco aire que entraba a duras penas en mis pulmones.

Varios de los muchachos ya habían finalizado y empezaron a animarnos desde la meta. Anthony Williams, un estudiante del grado diez con el pelo rizado a lo Jheri y una sonrisa de oreja a oreja, nos vio 600 metros del final cuando se dio cuenta de que estaba luchando y corrió el resto del trayecto con nosotros. Me dijo que me relajara, que levantara las rodillas y moviera los brazos. De alguna manera, sobreviví. Lo hice. Y luego me desplomé.

Me tumbé en el suelo con una sonrisa masoquista, a pesar de que sentía un gran dolor.

"Buen trabajo, Desmond 'Tutu'", bromeó el Jefe. "Nos veremos mañana."

Había entrado en el equipo. Sentí una impresionante sensación de satisfacción y logro.

Mi relación con el atletismo y las carreras empezó oficialmente ese día. Nunca había experimentado este tipo de satisfacción en ningún otro deporte. Lo había decidido. Estaba convencido de pies a cabeza. Aprendí más sobre mí en mi primera semana de práctica de campo atraviesa que en todos los años practicando otros deportes. Me encantaba la camaradería, pero también me encantaba retarme a mí mismo para ampliar y superar mis límites mentales y físicos.

En las siguientes semanas, conocería al resto de los muchachos del equipo. Eran grandes deportistas pero mejores personas. Estos muchachos aparecían todos los días, comprometidos los unos con los otros y enfocados en un objetivo común. Tenían un nivel de orgullo y dedicación que nunca había visto antes.

El equipo era toda una comunidad. Los hombres de ese equipo me inspiraron profundamente. Uso sus historias cuando hago entrenamiento.

Anthony Williams era nuestro mejor corredor. En 1988, se convirtió en el primer estudiante de secundaria y atleta negro en ganar un campeonato estatal de 5.000 metros en campo traviesa en los Estados Unidos. Incluso recibió una carta de felicitación del expresidente Ronald Reagan.

Nuestro equipo tuvo después la suerte de que Eric Smoot se uniera a nosotross. Y caray, ¡qué resiliente era! A pesar de su talento y su entrada en el Salón de la Fama de Indiana por sus títulos de campeonato, la difícil situación de Smoot en su casa aliviaba mi propio dolor.

Eric no tenía casa. Tanto su padre como su madre eran adictos a las drogas, por lo que tenía que buscar consuelo donde podía. A veces era en casa de sus hermanos mayores. Otras veces, era en casa de sus compañeros de equipo. Anduvo de un lado para otro durante un tiempo hasta que él y nuestro compañero de equipo Jeff Finch se convirtieron en buenos amigos. Finalmente, la familia de Jeff le abrió las puertas de su casa a Eric, quien vivió con ellos durante el resto de sus años de escuela secundaria. Para Eric, nuestro equipo era su familia. Era su salida, su escapatoria, su salvación. Anthony y Eric sentaron el tono y facilitaron la manera de cómo comportarse en nuestro programa de deportes. Eran el ejemplo a seguir, y todos, incluyéndome a mí, queríamos seguir sus pasos.

Esta comunidad única de compañeros de equipo sentó las bases para mi vida de aquí en adelante, poniendo el ejemplo que intentaría emular en cada equipo que entrenara a lo largo de mi carrera.

CAPÍTULO 7

LARGA VIDA AL JEFE

—

Correr exigió mucho de mí, mental, física y emocionalmente. Forjo mis agallas a la vez que definía mi perspectiva y carácter. Estaba agotado incluso cuando no estaba corriendo. Eran los sacrificios personales, los calambres, los mareos, los dolores de estómago, incluso sentir que mis piernas pesaban como un saco de papas. El puro dolor me hizo saber que todavía estaba en el juego durante la última milla de una práctica o carrera. De alguna manera, estos desafíos se convirtieron en mi recompensa. Mis compañeros de equipo dependían de mí para la motivación y yo también podía contar con ellos. Esta hermandad alimentó la intensidad con la que abordé cada práctica y cada encuentro.

Sin embargo, fue el amor y el liderazgo de mi entrenador, El Jefe, lo que me proporcionó la base de apoyo para no solo competir, sino sobresalir. Rápidamente se convirtió en una de las figuras y fuerzas más influyentes en mis años de formación y durante toda mi vida.

El Jefe era un tipo grande y fornido con un grueso rizo negro a lo Jheri, de unos seis pies y tres pulgadas de alto. Exigía lo mejor de todos. Él solía decir: "Los campeones y las personas exitosas se sienten cómodas estando incómodas". Su piel morena estaba profundamente bronceada por todas las horas que pasaba al aire libre entrenando al equipo durante la pretemporada de campo traviesa en el verano. Si no dábamos lo mejor de nosotros al Jefe, habría consecuencias. Nos acostumbramos a los sprints adicionales al final de la práctica, otra serie de flexiones cuando nuestros brazos ya se sentían como espaguetis, o esas repeticiones asesinas de 800 metros si no dábamos nuestro mejor esfuerzo.

De manera alguna nos facilitó las cosas, pero todo el equipo siempre quiso estar a la altura de sus estándares y expectativas por puro respeto y confianza. Era de la escuela de los golpes duros y no respetaba a los vagos ni a los atajos. Heredé este rasgo del Jefe. Fue la primera persona en mi vida, además de mi madre, que exigió este estándar de altas expectativas y responsabilidad a diario. Estaba ahí para mi así que yo estaría ahí para él. Yo respondía bien a esta manera de rendir cuentas. Funcionó entonces, funcionó en la clase de la Sra. Smith y continuaría funcionando en mi vida.

El Jefe declaraba que el correr y la vida tienen que ver con cuánto estás dispuesto a sacrificar y cuán duro estás dispuesto a trabajar. A menudo decía con esa voz característica y áspera tan suya: "¡Diablos, lo que das es lo que obtienes!" Esta relación de causa y efecto a la que tan a menudo se refería es algo con lo que puede identificarse cualquier corredor de distancia o cualquier persona centrada en sus objetivos. Nos perdíamos con nuestros otros amigos. Echábamos de menos las fiestas y los bailes. Si alguno de nosotros tenía una chica que nos interesaba, no teníamos tiempo para salir. Aprendimos que el verdadero éxito no es posible sin incomodidad o sacrificio.

Después de un tiempo, supimos que, debajo del ladrido del Jefe, había el corazón más tierno. Aunque todos lo llamábamos "Jefe", en realidad adquirió ese apodo porque se refería a sus corredores como "Jefe" con regularidad. Nos consideraba líderes: un jefe es un líder respetado por su tribu. El apodo tenía el poder de recordarnos cómo debíamos comportarnos.

Jefe nació en Roosevelt Pulliam. Para muchos de nosotros, él era la figura paterna que necesitábamos desesperadamente. Infundía respeto en todo lo que hacía. Cuando hablaba, escuchábamos. Se conectó con cada uno de nosotros y se aseguró de que nos sintiéramos reconocidos.

La educación del Jefe fue desafiante, pero no buscó excusas. Décadas después de entrenarme, estaba agradecido de que el Jefe compartiera más sobre su vida conmigo. Me hizo apreciarlo aún más. Aprendió a una edad temprana que necesitaba aprovechar cualquier recurso y oportunidad disponible para él. Era hijo de un aparcero en Westpoint, Mississippi. Nunca conoció a su papá. Era el menor de nueve hermanos. Recordaba haber estado atado a la espalda de su madre mientras viajaba y trabajaba en el desesperado y sofocante calor del Delta. Desafortunadamente, el Jefe perdió a su madre en un accidente automovilístico cuando solo tenía cuatro años.

Las experiencias de la infancia del Jefe lo impulsaron a hacer todo lo posible para asegurarse de que ninguno de sus propios estudiantes o atletas se sintiera "menos que". A menudo nos compraba desayuno, almuerzo, zapatillas deportivas y útiles escolares. Incluso atrajo a algunos corredores talentosos con sus payasadas de comida gratis. Era la antítesis del maestro que lo avergonzaba a él y a sus compañeros.

Mis compañeros de equipo y yo sabíamos que, si nos comprometíamos a trabajar duro, podíamos contar con él para absolutamente cualquier cosa.

El Jefe quería que su equipo tuviera un instinto asesino dentro y fuera de la pista. En ese entonces, la Escuela Secundaria Horace Mann no tenía pista y, a menudo, practicaba en una calle adyacente a la escuela. El Jefe solía bloquear la calle usando conos de construcción.

Muchos residentes vieron esto como un inconveniente. Sin embargo, una vez que se dieron cuenta de que los adolescentes debían hacer ejercicio y ser parte de algo positivo y especial, aplaudieron los esfuerzos del Jefe. Por supuesto, hubo quejas de vez en cuando, pero fueron superadas con creces por el apoyo que obtuvo del vecindario y de la escuela.

Aun así, periódicamente escuchábamos a alguien tocando la bocina de su automóvil sugiriendo que el Jefe necesitaba mover los conos que afectaban el flujo de tráfico de inmediato. De vez en cuando, un conductor descontento salía de su automóvil para cuestionar los motivos del Jefe. Primero, cuanto más se acercaban a él, más cuenta se daban de su estatura y su mirada estoica. En segundo lugar, rápidamente se daban cuenta de que el Jefe no quería fricciones; se acercaba a ellos con los brazos abiertos y defendía su caso.

"Mira, lo siento, pero no tenemos pista. Está lleno de grava, rocas, vidrio y Dios sabe qué más. ¿Puedes por favor apoyarnos? Estos niños están dedicados a algo positivo, y si no tienen esta oportunidad, algunos de ellos estarán en las calles". El Jefe siempre se salía con la suya con las palabras, y la mayoría de las personas con las que se encontraba podían sentir su pasión por nosotros, calmando la situación rápidamente.

La filosofía del Jefe con la carrera y la vida eran paralelas: confía en el trabajo duro y la dedicación, enorgullécete de todo lo que haces, no aceptes dádivas y sé el mejor en todo lo que hagas. A veces esas lecciones se aprendieron de la manera más difícil.

Eran las vacaciones de invierno durante mi tercer año de secundaria y el sonido de mi despertador me despertó sobresaltado.

"Uuuugh", gemí, golpeando mi mano sobre mi mesita de noche detrás de mí en un esfuerzo por encontrar y silenciar la fuente del ruido no deseado. Se suponía que iba a ser un receso escolar de invierno relajante y divertido: dos semanas de refrigerios nocturnos y ver películas, seguido de dormir hasta tarde.

Logré la energía suficiente para girar mi cuerpo para apagar mi despertador y casi me caigo de la cama. ¡Maldita sea! Había olvidado que moví el reloj al otro lado de la habitación para obligarme a levantarme. Me sentí como si estuviera sonámbulo. Fui al baño a trompicones para echarme agua fría en la cara y tomé la toallita de alguien para quitarme el sueño de los ojos. Como la mayoría de mis compañeros de equipo, estaba molesto y enfadado porque teníamos una práctica a las 6:30 am todos los días de la semana durante nuestro descanso. Bajé las escaleras y entré en la cocina para echar dos pedazos de pan de trigo en la tostadora. Puse un poco de mermelada en mi tostada para darle un toque de azúcar y sabor. En tres bocados rápidos, devoré cada pieza y me preparé para enfrentar los elementos.

Mientras me ponía capas y salía al frío escalofriante de diciembre, me encontré con un viento cortante que se sentía como pequeñas agujas en mi cara. Mis manos temblaban cuando intenté cerrar la puerta. Sacudí la cabeza, bajé de un salto el escalón de mi porche y corrí las tres cortas cuadras hasta la escuela bajo el amanecer azul y naranja del día.

"Muy bien, chicos. El plan es correr afuera y calentar entre intervalos de repetición adentro. Hagamos que este entrenamiento sea corto y agradable. Como solo hace veintitrés grados afuera, pueden terminar su recorrido adentro y en los pasillos después de sus cinco repeticiones de 800 metros", dijo el Jefe, enumerando los componentes clave de nuestro entrenamiento para el día.

"Aquí hay algunas medias adicionales para ponerse en las manos y vaselina para frotarse la cara y el cuello", continuó mientras señalaba el contenedor transparente de artículos en el suelo junto a él.

Nadie dijo una palabra. Nadie bromeó. Nos levantamos lentamente, arrastrando los pies y bajando la cabeza mientras nos preparábamos para encogernos cuando la puerta se abrió al frío glacial y el viento ansioso nos encontró cara a cara nuevamente.

Comenzamos a correr la primera parte de nuestro entrenamiento en la pista de grava degastada, pero no le pusimos mucho esfuerzo. No queríamos estar en la práctica, y se notaba.

"¡Maldita sea, muchachos, apúrense! ¡Si vamos a estar aquí, saquémosle provecho!". Gritó el Jefe.

Apenas respondimos, tal vez acelerando un poco el ritmo, pero continuamos en gran medida con nuestro esfuerzo indiferente.

"Diablos, no van a hacerme perder el tiempo", dijo, después del tercer intervalo de 800 metros. "Entren con sus traseros en el gimnasio y siéntense en las gradas!" instruyó.

Todos entramos, caminando penosamente hacia las gradas, respirando pesadamente y mirándonos tímidamente el uno al otro. Sabíamos que habíamos evitado el entrenamiento. Como si obedeciéramos una regla tácita, todos intentamos sentarnos en las últimas filas de las gradas para evitar el contacto con nuestro entrenador, obviamente decepcionado.

El Jefe cargó detrás de nosotros con fuego en su paso. Caminando de un lado a otro, se dio a sí mismo una cuenta regresiva de al menos diez segundos para calmarse antes de dirigirse a nosotros.

"Diablos, chicos, ¿por qué estamos aquí? ¡Maldita sea, ¿por qué estamos aquí?! Están perdiendo mi tiempo y, sobre todo, están perdiendo tu propio tiempo. El tiempo es valioso. Es algo que nunca podrán recuperar. Se están preparando para un mundo cruel, y no se os dará absolutamente nada". Hizo una pausa en su paseo y nos miró directamente, con las manos cruzadas sobre el pecho.

Después de unos seis segundos, continuó paseando y reprendiendo. "Tienen que aprender a sentirse incómodos y no permitir que nada, y me refiero a que nada, se interponga en su camino. Una cosa es tener una meta, ¡pero es un asunto bastante distinto ser negro y tener una meta! Tienen que ser diez veces más minuciosos en todo lo que hacen para obtener la mitad. Así que, si van a ser unos flojos y lloriquear y quejarse, ¡busquen otro equipo! Los amo chicos, pero les estaría haciendo un flaco favor a todos si no les dijera la dura verdad. ¡Aprendan a dar lo mejor de ustedes en todo lo que hacen y especialmente en las cosas que no necesariamente les gustan hacer, y tendrán éxito en la vida!"

El Jefe sabía que, como hombres negros, enfrentaríamos discriminación e inequidades. Como muchos de su generación, a menudo nos recordaba a mí y a mis compañeros de equipo las desventajas a las que nos enfrentábamos y lo importante que era saber que, aunque la vida nunca sería justa para nosotros, aun así, necesitábamos luchar por la excelencia si queríamos alcanzar el éxito. Cuando viajábamos a encuentros en áreas suburbanas fuera de Gary, nuestra realidad nos golpeaba de frente. Los recursos en esas escuelas secundarias en su mayoría blancas eran un claro recordatorio de lo que no teníamos.

Pero lo que sí teníamos era a quien creíamos que era el mejor entrenador del país, incluso cuando nos hizo correr afuera en el crudo invierno. En realidad, él solo corrió atletismo hasta la escuela intermedia, pero eran uno de esos adultos que habría sido excelente entrenando en cualquier cosa porque entendía a las personas. Los principios que nos enseñó en el campo y la pista nos hicieron mejores hombres, nos ayudaron a ganar en la vida.

Con ese instinto, me hizo darme cuenta de que mi éxito depende de las semillas que planto en los demás. A menudo celebramos el ganar campeonatos y récords personales, y aunque los amo, las preguntas del billón de dólares son: ¿Mis estudiantes-atletas crecieron como personas bajo mi cuidado? ¿Se convirtieron en mejores personas o más preparados para la vida en general? Saqué estas preguntas reflexivas del ejemplo que el Jefe fue para mí cuando era un adolescente. Estas semillas brotaron en la comprensión de que el liderazgo, el compromiso y el trabajo duro marcan la diferencia entre los equipos que ganan y los que no.

CAPÍTULO 8

VALE MAS QUE UNA CINTA

Aunque las carreras de distancia en una ciudad predominantemente afroamericana no eran populares inicialmente cuando estaba en la escuela secundaria, nuestro equipo se ganó rápidamente un gran respeto por parte de nuestra escuela, nuestra comunidad y nuestra ciudad. Fueron necesarias muchas carreras de dobles al día durante el verano y muchas medias en nuestras manos en el frío escalofriante durante los gélidos inviernos, pero estábamos empeñados a hacerlo y queríamos correr lo mejor posible como equipo.

En la mayoría de los encuentros a campo traviesa a los que asistió nuestro equipo en Indiana, los ganadores se sentaban en lujosas sillas frente a cientos, a veces miles, de corredores, espectadores y entrenadores durante las entregas de premios. Antes del inicio de cada carrera, me imaginaba sentado en una de ellas. Durante mi tercer año de secundaria, supe que tenía la oportunidad de ubicarme entre los diez primeros en el Lafayette Jeff Invitational y tomar asiento entre los estimados finalistas. Me dejé la piel por esa oportunidad.

En ese día gris de otoño en el campo de Lafayette, marcamos la línea de salida. El campo era fresco, verde y estaba rodeado de frondosos árboles. El ambiente era sereno. Realmente creo que uno de los momentos más hermosos en una carrera a campo traviesa es el silencio absoluto justo antes de que se dispare el arma, cuando el tiempo parece ralentizarse. Puedes sentir la intensidad de la concentración de cada atleta, listo para ir a la guerra con sus respectivos compañeros de equipo, luchando tanto contra sus competidores como contra el reloj.

¡Pum!, sonó el pistoletazo de salida. Corrí, mis piernas impulsadas por mis intenciones de ganar medallas, y me ubiqué entre los veinte primeros. Todo fue cómodo durante los primeros 800 metros de la carrera de 5K. *Mantén el ritmo, Dez*, me dije. Me instalé en un intercambio rítmico entre mi respiración, mis brazos y mis piernas. Estaba confiado en esa zona, donde todo mi cuerpo se sentía libre y sincronizado.

Alcancé la marca de una milla y mantuve firmemente mi posición. *Eso es. Quédate aquí.* Estaba exactamente donde quería estar, metido en el grupo delantero. Medio minuto después, mis piernas comenzaron a cansarse más de lo normal, así que intenté relajarme para evitar que la acidez se apoderara de toda la parte inferior de mi cuerpo. Entonces mi pecho comenzó a oprimirse. Me di cuenta de que mi respiración estaba empezando a debilitarse. Sentir el ardor familiar en mis pulmones me dio ganas de entrar en pánico. *¡Es demasiado pronto! Oh, Dios. ¡Queda demasiada carrera!*

Llegué al punto medio y volví al trigésimo quinto lugar. Mis problemas siguieron en cascada a partir de ese momento, mi orgullo simultáneamente recibió una paliza. No estaba preparado para competir con el grupo superior. No habría sillas elegantes para mí. Los corredores pasaban fácilmente a mi lado. Crucé la línea de meta en un decepcionante septuagésimo quinto lugar entre casi 300 corredores. Después del enfriamiento y la ceremonia, me sentí completamente derrotado. Me dieron una cinta de septuagésimo quinto lugar en la línea de meta.

Mientras caminábamos de regreso al autobús, arrastraba los pies con la cabeza cabizbaja. Tiré la cinta en un charco de lodo y seguí caminando. No me di cuenta de que el Jefe estaba cerca y era testigo de mi arrebato.

"¡Desmond, recoge esa cinta! ¡Corriste como una mierda, así que no puedes enojarte con nadie más que contigo mismo!

La voz retumbante del Jefe se sintió como una bofetada en mi cara. Sabía que estaba decepcionado con mi desempeño y mi actitud. Continuó agregando sal a la herida: "Recibiste lo que te merecías hoy. Nadie te dará nada que valga la pena tener en la vida. Tienes que aprender a prepararte y salir y aceptarlo".

No dije nada en respuesta. Nadie desafiaba al Jefe. Era un gigante para nosotros y lo respetábamos muchísimo. Mientras me sentaba en el autobús para el viaje de una hora a casa, me sentí solo. Apoyé la cabeza en el respaldo del asiento con los ojos cerrados. Tenía náuseas y mi cabeza se sentía hueca. Era como si no tuviera un amigo en el mundo. Es sorprendente cómo este tipo de sentimientos pueden convertirse en nuestra realidad, pueden dar forma a quiénes somos o en quién nos convertimos. Mi disposición me hizo inaccesible para mis compañeros.

Aproximadamente a la mitad del camino a casa, el Jefe me llamó al frente del autobús y me sentó en el asiento frente a él. Sus comentarios fueron breves y directos: "Desmond, eres un buen tipo, pero tienes que tener más aguante. Tienes una decisión que tomar aquí. ¡Vas a seguir sintiendo lástima por ti mismo o vas a ponerte las pilas con entrenamiento y compromiso! Pensándolo bien mientras regresaba a mi asiento, estaba decepcionado de mí mismo. Estaba enojado porque el Jefe no mostró ninguna compasión. Tenía miedo de que mis compañeros de equipo ya no creyeran en mí.

Una vez que llegamos a nuestra escuela, me bajé del autobús y comencé la caminata de tres cuadras a casa. Uno de mis compañeros de equipo, Jeff, puso su mano sobre mi hombro y dijo: "No olvides que somos familia, hombre". De alguna manera, esa declaración y esa energía positiva me quitaron un peso de encima. Sin sentir pena por mí mismo. Podía dar más de mí, y era hora de elevar mis esfuerzos para cumplir mis sueños.

Yo era parte de un programa especial con compañeros de equipo especiales y sin duda un entrenador especial. Hacer las rutinas y presentarme a cada práctica no era suficiente. Tuve que establecer una meta diaria, disfrutar trabajando duro para alcanzarla y abrazar el proceso a lo largo del camino. Necesitaba comenzar a preguntarme: *¿Qué hice hoy para acercarme un paso más a mis metas?* Tomé la cinta del lugar setenta y cinco y la pegué junto al interruptor de la luz de mi dormitorio. A veces, me enfermaba mirarla. Pero también me recordaba el sentimiento que no quería volver a vivir nunca más. Me motivó a realizar flexiones adicionales, ejercicios básicos, carreras matutinas y cualquier otra cosa que pudiera evitar que ese escenario volviera a desarrollarse.

Esta adversidad se convirtió en el trampolín para profundizar más. Hasta ese momento, pensé que trabajé duro. Pero trabajar duro me engañó haciéndome creer que no podía trabajar más duro.

* * *

Para la primavera de mi tercer año de secundaria, había terminado de lamerme las heridas y había mejorado mi ética de trabajo y mi compromiso con el equipo. Había aceptado completamente al Jefe como mi entrenador y mentor.

El Jefe eligió una estrategia audaz en la competencia de atletismo del campeonato estatal ese año. Anthony Williams era un estudiante del último año y era un modelo a seguir para todos nosotros los jóvenes del equipo. Era el actual campeón estatal de campo traviesa de Indiana. En la competencia estatal, el Jefe le indicó a Anthony que corriera en el carril dos toda la carrera de 1600 metros.

El Jefe le dio estas instrucciones a Anthony: "Tendrás que correr tu mejor carrera hoy y proteger a Smoot. Permítele tener la banda interior del carril uno para que corra la distancia más corta y tu controla el ritmo. No dejes que nadie te pase y asegúrate de que Smoot haga la menor cantidad de trabajo".

La estrategia del Jefe de permitir que Smoot corriera la distancia más corta aumentó sus posibilidades de correr más rápido que los otros corredores que tenían que correr en los carriles exteriores, carriles con una circunferencia más grande. El Jefe sabía que Anthony era el más rápido en la pista y podía darse el lujo de darle a Smoot la ventaja del carril interior. De esta manera, tenían el potencial de terminar primero y segundo, anotando el máximo de puntos en esa carrera.

Mientras mantenía a raya al resto del campo, Anthony consumió tanta energía que no pudo mantenerse por delante de su último competidor en la carrera, su compañero de equipo. Smoot reunió la energía para atrapar a Anthony en la línea de meta en un final fotográfico. Dado el espíritu competitivo de Anthony, este estaba decepcionado con la segunda posición, pero al mismo tiempo extasiado por Smoot y los dieciocho puntos que obtuvimos como equipo para el doblete. Había sido el mejor jugador de equipo. Ejecutó la estrategia a la perfección y no descuidó su responsabilidad con su equipo. Es el sueño de un entrenador cuando tienes atletas que se preocupan más por el éxito de su equipo que por su éxito individual. Este tipo de compromiso con la carrera y con el equipo impulsó a Anthony a una exitosa carrera como corredor en la Universidad Estatal de Kansas.

El Jefe cultivó esta voluntad de sacrificio por el equipo siendo ese tipo de modelo a seguir. Exigió tanto de nosotros, pero nos entrenó para exigir tanto de nosotros mismos y de los demás, incluso en las condiciones más extremas.

El entrenamiento durante los meses de verano era agotador. Pero me había acostumbrado a que el Jefe nos empujara más allá de lo que pensábamos que era posible. Y el verano antes de mi último año de secundaria fue brutal.

Durante una práctica, nos embarcamos en una carrera de seis millas desde nuestra escuela secundaria hasta el campo de golf Gleason South. Después de llegar al campo de golf, tomamos agua y comenzamos a estirarnos. Entonces el Jefe nos ordenó que nos reuniéramos con él en la Escuela Secundaria West Side, a unas siete millas de distancia. No es gran cosa. Estábamos acostumbrados a "divergencias" de seis millas, como las llamaría el Jefe, por lo que siete millas parecían más que razonables.

Muchos de nosotros nos tomamos a la ligera la carrera, pero la falta de glucógeno se estaba convirtiendo en un factor cada vez más importante con un par de millas por recorrer. Nuestras bocas se secaron, nos mareábamos y nuestras piernas empezaron a tambalearse. Finalmente, el Jefe nos recibió en West Side. Tomamos nuestras bebidas deportivas de la heladera naranja y comimos un refrigerio ligero que nos ofreció el Jefe.

Antes de que pudiéramos ponernos demasiado cómodos, el Jefe dijo: «Está bien, en cinco minutos nos vemos en Bowman Square». El asunto se puso difícil. Bowman Square estaba a cuatro millas y media de distancia. No nos quejamos; simplemente hicimos el compromiso mental y siguió la tarea física. Una vez que llegamos a Bowman Square, respiramos con dificultad, el sudor nos corría por la cara y la espalda, y nos sentimos más que realizados. Descansé con las manos en las rodillas, aun tratando de recuperar la compostura de mi respiración.

"Está bien, volvamos tranquilamente a Mann", ordenó el Jefe. "Añadan la vuelta larga", agregó, refiriéndose a una ruta adicional que haría que nuestro entrenamiento total fuera un total de más de veinte millas para este sábado por la mañana.

"Hombre, esto ha sido una locura", le dije a Eric, sacudiendo la cabeza mientras nos estirábamos en el césped después de la práctica.

"El Jefe debe haber perdido la cabeza hoy", respondió Eric. Asentí con la cabeza, pensando que no habría forma de que pudiera levantarme del suelo para caminar a casa.

Años más tarde, mis compañeros de equipo y yo todavía debatíamos si este entrenamiento era más loco que el entrenamiento cuando hacíamos veinticinco repeticiones de 800 metros. Pensamos que el Jefe había perdido la cabeza a veces, pero luego supimos que no se trataba solo del trabajo físico; quería que siempre creyéramos que podíamos hacer lo impensable. Funcionó. Muchos de nosotros sabíamos que podíamos arreglárnoslas en la vida manejar la vida ya que el Jefe nos empujaba a nuestros límites máximos. Siempre decía: «La vida no será justa, así que debes prepararte para cualquier tormenta que se te presente».

Durante mi último año de secundaria, finalmente tuvimos la oportunidad de ser uno de los mejores programas a campo traviesa y de distancia en el estado de Indiana. Teníamos cierto complejo porque habíamos sido golpeados por los equipos suburbanos desde mi primer año. Había mejorado mucho mi juego, y ahora tenía una última temporada para demostrar de qué estaba hecho, para mostrar mi arduo trabajo, mi corazón y mi determinación.

En la segunda competencia del año, me di cuenta de que estaba preparado para el doloroso desafío de romper los diecisiete minutos en una carrera de campo traviesa estándar de 3.1 millas, una hazaña que solo los mejores corredores de campo traviesa de la escuela secundaria podrían lograr. Sabía exactamente dónde había que ganar esta batalla. Tenía que suceder cuando hice la transición de la milla dos a la milla tres. Iba a tener que comprometerme con el ritmo y creer en mi entrenamiento. Sabía exactamente lo que iba a tener que soportar y le di la bienvenida al sufrimiento.

Ese día fue solo un encuentro triangular contra los equipos de la ciudad Gary Wirt High School y Lew Wallace High School, pero significó mucho más que un encuentro de poca monta para mí. Tenía algo que demostrar, y este fue el día en que no estaba dispuesto a permitir que el reloj llegara a los diecisiete minutos mientras me encontrara en la pista. Cuando llegué a la última milla, comencé a sentirme pesado y me ardían los cuádriceps mientras me embargaba una respiración dificultosa. Empecé a decirme a mí mismo, *Vamos, Dez, lo tienes. No te asustes, mantén la calma, respira profundamente tres veces y manténte bajo control. No busques la línea de meta. Concéntrate en la forma y la cadencia, y ella te encontrará.*

Estaba sintiendo la incomodidad y la agonía en la recta final antes de alcanzar los 800 metros. Sabía que me acercaría a este momento donde mi cuerpo gritaría misericordia, y en este día y en este momento, estaba preparado para abrazar la incomodidad física. Estaba comprometido con mi cadencia y estaba preparado para presionar el botón de anulación, forzando mi cuerpo a que diera un paso delante del otro mientras mantenía mi ritmo. Esa voz en mi cabeza dijo de nuevo, *El dolor es temporal. El orgullo es para siempre. Si te rindes, nunca te lo perdonarás, y ese dolor vivirá para siempre.* La línea de meta estaba cerca...

"16:45, 46, 47, 48," animaban mis compañeros de equipo universitario junior más jóvenes cerca de la línea de meta.

"...16:50, 51, 52!" gritaron mientras cruzaba la línea.

¡Lo logré!

Levanté mis puños en el aire con una gran sonrisa en mi rostro mientras me tambaleaba, las piernas temblando precariamente unos pocos pasos después de la línea de meta. Ignoré el ardor en mi pecho y el sudor que corría por mis ojos para chocar los cinco con mis compañeros de equipo y chocar los puños. Finalmente, había roto la barrera de los diecisiete minutos. Para proporcionar algo de contexto, me había quedado atascado en mi récord personal de 17:24 el año anterior. Acepté con entusiasmo, incluso le di la bienvenida a la idea de someter mi cuerpo a estos laboriosos esfuerzos una y otra vez, sabiendo que los resultados harían que todo valiera la pena. El Jefe nos enseñó a elevar nuestras mentes más allá del dolor. Siempre decía: «Nunca alcanzas tu máximo potencial hasta que aprendes a aceptar la incomodidad y el desafío». Esta fue una de las lecciones más grandes de mi vida.

En la postemporada, nos clasificamos para avanzar de seccionales a regionales. Ganamos nuestro tercer título seccional consecutivo ese año, y luego llegó el momento de los grandes: los campeonatos regionales. Los regionales contaban con poderosos equipos suburbanos del noroeste de Indiana y muchos de los mejores corredores de fondo del estado. Jason Casiano, Jim Arnold y Jeff Smenyak se encontraban entre los nombres conocidos del país que pretendíamos vencer.

De ninguna manera iba a defraudar a mi equipo en los regionales. Era finales del otoño de 1989 en ese momento, y los colores del otoño se estaban desvaneciendo en la desolación del inevitable invierno. Una vez que comenzó la carrera, estaba de lleno en ella y sabía de qué manada tenía que ser parte, de qué corredores necesitaba separarme y qué colinas tenía que atravesar. Poco a poco aceleré y nunca miré hacia atrás. Aún más emocionante, pensé que estaba pasando al cuarto chico de Valparaíso High School cuando entré en la rampa al final de la carrera, pero luego supe que le gané al tercer chico ese día.

El resto del equipo también dio un paso adelante, y fue el comienzo de la trayectoria de nuestro equipo para pasar a la historia. Nos habíamos acostumbrado a las miradas, las miradas fijas y las miradas furiosas cuando aparecíamos en las competiciones. Sabíamos que las expectativas que los demás tenían de nosotros eran bastante bajas. No era común que un equipo totalmente negro compitiera a altos niveles en campo traviesa en Indiana en ese momento. Pasamos a tomar el tercer lugar en los campeonatos regionales y luego tuvimos otra buena actuación en una competición de campeonato semiestatal más empinada, terminando terceros nuevamente. Nos convertimos en el primer equipo afroamericano y el primer equipo de Gary en calificar para la distancia de 5 km en el campeonato estatal de campo traviesa de Indiana en el campo de golf Southgrove en Indianápolis. Competimos de manera decente en los campeonatos estatales, pero mi desempeño fue mediocre porque sufrí una fractura por estrés en el pie en la competencia de clasificación una semana antes. Cojeé en la carrera por el campeonato estatal y terminé unos pasos por delante del último clasificado.

Mi estado final no fue el ideal, pero no pudo empañar mi experiencia general con mis compañeros de equipo. Corrí con algunos tipos increíbles. Teníamos un equipo de muchachos que corrieron menos de diecisiete minutos: Harvey Bolds, a pesar de sus rodillas destrozadas, Chester Washington y Anthony Bland, superestrellas del baloncesto, Ricky Mitchell, un fenómeno de primer año de secundaria, Jeff Finch, conocido por su pasión y discursos motivadores, Michael "Perro Loco" Johnson, y yo. En nuestra área, ser un chico de campo traviesa de menos de diecisiete minutos en la escuela secundaria te daba credibilidad callejera en el deporte. Es un logro que todavía me siento orgulloso de promocionar.

Nuestro arduo trabajo valió la pena. Con compromiso y dedicación, los sueños pueden hacerse realidad para mí y para cualquier otra persona. Algunos aprenden esta rutina en casa; otros lo aprenden en la escuela. Yo lo aprendí en las carreras. Enfrentar mis fracasos y limitaciones me enseñó cómo recuperarme y perseverar.

Esa infame cinta del setenta y cinco lugar pegada al lado de mi interruptor de luz era un recordatorio constante de lo que podía hacer. Me mantuvo hambriento y humilde, perfeccionando la fortaleza que necesitaba para impulsar mis pasos hacia adelante.

PARTE II

LOS AÑOS UNIVERSITARIOS

La fe es dar el primer paso,
aunque no veas toda la escalera.

—MARTIN LUTHER KING, JR.

CAPÍTULO 9

LA MECA

―

"¿Por qué elegirías a Howard sobre Purdue? Eso es simplemente estúpido", dijo mi papá. Permanecí en silencio y seguí mirando por la ventanilla del coche. Mirando las casas pasar, apoyé la cabeza contra el vidrio frío y traté de poner la mayor distancia posible entre nosotros.

En este punto, mi relación con mi padre estaba más que tensa. Pero todavía anhelaba su aprobación y elogios. Una vez más, esperé en vano a que eso sucediera. Y nuevamente, fue otra daga para mi corazón y mi espíritu. Principalmente, fingí que no lo necesitaba, pero en el fondo, todavía anhelaba una relación con él.

Además, pensé mientras me sentaba a preparar en silencio, él no puede influir en mi decisión. Mi madre nos había confesado a mí y a mi hermana que mi padre gastó nuestros ahorros para la universidad años antes para manejar las deudas de juego después de su divorcio sin arrepentimiento. Cuando mi madre lo confrontó, él le dijo con altivez que el dinero provenía de su cheque de pago para que pudiera gastarlo como quisiera a pesar de su acuerdo de ahorrar para la matrícula universitaria.

No pude detener el fuego que ardía en mi pecho. ¿Cómo pudo hacernos eso? Sabía que no podía mencionarle esto ahora en los confines del auto. Se enfadaría con mi madre por decírnoslo, y ella se llevaría la peor parte. Entonces, como de costumbre, no me atreví a mencionarlo.

A principios del semestre de primavera de mi último año de secundaria, todavía no estaba seguro de mi vida después de graduarme. Con el apoyo de mi consejero vocacional, tomé la prueba de batería de aptitud vocacional de las Fuerzas Armadas al comienzo de ese año escolar, pero sabía que las fuerzas armadas no eran para mí. No sabía dónde encajaba, pero el Jefe me influyó fácilmente, y me metió en mi cabeza la idea de asistir a la universidad. El Jefe, de manera lenta pero segura, comenzó a convencerme de que la universidad no solo era para mí, sino que también podía correr y competir a nivel universitario.

Con su voz de bajo y gruñona, el Jefe proclamó: "Diablos, Desmond, vas a ir a la universidad, vas a postularte y vas a prometer Alpha Phi Alpha. Vas a ser médico, hijo. Lo sé.» Como el Jefe lo dijo, lo acepté. Y cuando me sugirió que asistiera a la Universidad de Howard, seguí adelante.

Me hubiera encantado la bendición de mi padre en mi decisión universitaria, pero en este momento de mi vida, las palabras del Jefe tenían más peso. El Jefe fue mi apoyo constante. El Jefe se presentaba todos los días, animándome y desafiándome a hacerlo mejor. Él fue quien me llevaba a casa después de la práctica cuando estaba demasiado oscuro para caminar solo. Se aseguraba de que tuviera algo para comer cuando no tenía efectivo para comprar el almuerzo. Y estuvo en todos los encuentros: ganara, perdiera o empatara, estuvo allí. Mi papá solía estar presente durante las vacaciones y las reuniones o reuniones familiares, pero no era una presencia diaria para enseñarme, animarme, disciplinarme y guiarme.

Escuché a mi papá hablar una y otra vez en el auto sobre cómo la Universidad de Purdue era una buena escuela y cómo sería un gran error ir a una FUHN (Facultades y Universidades Históricamente Negras). No conocía a nadie que fuera a una FUHN, por lo que no creía que Howard fuera lo suficientemente buena. Como la mayoría de las conversaciones con mi papá, no dije mucho y él no escuchó mucho. Pensó que decirme qué hacer en base a su conocimiento era la forma correcta de ser padre. No hizo ningún esfuerzo por conocerme, por hacerme preguntas sobre cómo me sentía o qué me gustaba. Estaba insensible a sus palabras. El alivio me inundó cuando finalmente llegamos a la casa de mi abuelo, lo que me permitió saltar del auto y saludar a mi familia, que se había reunido para celebrar el cumpleaños de mi tío, poniendo fin a la conversación.

Después de tres intentos de tomar el SAT, finalmente obtuve los puntajes mínimos de admisión estandarizados para Howard. Nunca visité el campus e inicialmente supe de Howard a través de la hermana de mi madre, Gwen, quien era amiga cercana del rector de Howard. No hice las típicas visitas a universidades y no solicité ingreso a ninguna escuela excepto Purdue y Howard. Nadie me guió para elegir varias opciones, incluida una escuela segura y una escuela flexible, de manera que hubiese tenido una variedad de oportunidades. El proceso fue bastante simple para mí. La conexión de mi tía me abrió la puerta. Cuando entré a la casa de mi abuelo y saludé a mi familia, traté de olvidar las palabras de mi padre y recordé por qué elegí a Howard con tanta firmeza. Me dije a mí mismo que no me importaba lo que él pensara.

Tres meses más tarde, me encontré sentado en una cama doble en mi dormitorio, luchando por respirar. Estaba en el campus de Howard, en Washington, DC. El campus en sí era una colección en expansión de edificios de ladrillo, algunos de los cuales me recordaban edificios de oficinas y otros que parecían versiones más pequeñas de mi escuela secundaria. El campo de atletismo de color verde brillante se encontraba junto al edificio que albergaba el gimnasio. Se ubicó un espacio abierto en el centro del campus, del tamaño de un campo de fútbol, que incluía árboles, bancos y pasillos para que los estudiantes se reunieran. Todo era perfectamente atractivo.

Después de finalmente calmar mi respiración, me limpié la cara con el dorso de la mano y el cuello de mi camiseta. Había estado llorando desde que la puerta se cerró de golpe veinte minutos antes. Luché por mantener la compostura mientras mi madre, la tía Shirley y yo instalábamos mi pequeño dormitorio en el quinto piso de Charles Drew Hall. Pero mantuve mis emociones a raya riéndome y bromeando con mi madre cuando me regañaba para que hiciera la cama todos los días.

"Ahora, Dez, vas a tener que recoger tu ropa sucia del piso y de guardar todos tus artículos de tocador en esta canasta de ducha", me indicó mamá. Le respondí con algunos comentarios sarcásticos y ella juguetonamente me dio una palmada en la nuca. "Y no te olvides de separar tu ropa. No puedes lavar los oscuros y los claros juntos o arruinarás los blancos".

Con una mirada juguetona de frustración y un suspiro de exasperación, le dije: "Lo sé, mamá. ¡Ya me lo dijiste diez veces en el viaje aquí!"

Las bromas continuaron mientras organizábamos mis pertenencias en los cajones, cestas y cajas que recogimos en K-Mart. Esos momentos fueron distracciones críticas del llanto desesperado que contuve hasta que mamá estuvo fuera de la vista, en su camino por el pasillo, y se dirigió de regreso a casa con Gary.

Estaba abrumado y desconcertado por la ferocidad de mis lágrimas, pero fueron un gran alivio. Esas lágrimas tenían que fluir, para liberar el miedo, la ansiedad, la duda y la confusión reprimidos que fueron mis compañeros no deseados durante el viaje de once horas desde Gary, y que se intensificaron durante las cuatro horas que pasamos registrando y desempacando mi dormitorio. Ella se fue. Y ahora estaba solo. Yo estaba muerto de miedo.

Aunque mi hermana Shnicks había ido a la universidad el año anterior a mí, no le había hecho suficientes preguntas sobre su experiencia. No la visité en el campus, así que no tenía ni idea de cómo era la vida en el campus. No me sentía preparado en absoluto.

Durante los días siguientes, conocí a mi compañero de cuarto, Todd, y a algunos de los muchachos de mi piso. Uno de esos tipos era Phillip McKenzie, que vivía al lado mío. Al igual que yo, Phil también estaba en el equipo de campo traviesa y atletismo de Howard. Phil era de Nueva York, y era un tipo inteligente con mucho orgullo de Brooklyn. Teníamos el hábito de caminar juntos hacia y desde las prácticas y, por lo general, almorzábamos o cenábamos juntos en el café. Como la mayoría de los corredores de fondo, Phil era delgado y ligero de pies. Era alto y bien formado, y aunque era un muchacho guapo, me di cuenta de que no era del tipo fiestero y se tomaba sus estudios en serio.

Cuanto más conocía a Phil y más interactuaba con otros chicos en mi dormitorio, más me daba cuenta de lo mal equipado que estaba. Sabían más sobre el mundo, sobre política, sobre cosas que ni siquiera sabía que importaban. Aunque sabía que Gary tenía algunas de las mentes más brillantes y talentosas, incluidas las de mi escuela secundaria y en mi clase de graduación, no podía ignorar cómo la falta de recursos y la exposición que crecí allí me prepararon muy poco para este nivel académico. No tuve conversaciones sobre eventos actuales en la escuela. Nadie realmente me preguntó mi opinión o puntos de vista sobre temas globales. No tuve viajes de verano al extranjero de los que hablar y no recordaba haber visitado museos u otras exposiciones culturales. Howard fue mi primera introducción real a la vida más allá de Indiana.

La Universidad de Howard, conocida cariñosamente como «La Meca», es considerada la FUHN más prestigiosa de los Estados Unidos. "La Meca" se refiere a la ciudad de Arabia Saudita, considerada la ciudad más sagrada de la religión islámica. (Abdo y Glubb, 2021) Se han establecido paralelismos entre Mecca y Howard debido a las vivencias que hacen que cambien la vida de los estudiantes durante su estadía en Howard.

Durante décadas, desde que el Movimiento por los Derechos Civiles obligó a los centros educativos y universidades predominantemente blancos a otorgar admisiones a los negros, ha habido un debate sobre qué tipos de instituciones preparan mejor a los estudiantes afroamericanos para trabajos, carreras y la vida después de la universidad. ¿IPB (Instituciones Predominantemente Blancas) o FUHN? Mirando hacia atrás, estoy seguro de que mi padre no era diferente a tantos negros en este país, condicionados por la cultura eurocéntrica a pensar que lo que es blanco es mejor, lo que genera un sentimiento de inferioridad. En su mente, por supuesto, Purdue era la mejor opción. Debido al racismo sistémico, en un momento de la historia, los negros no tenían acceso a la educación. De hecho, era un crimen punible con la muerte. Y luego se crearon escuelas segregadas, con recursos mínimos para las escuelas negras. Finalmente, las FUHN se fundaron como un intento de brindar educación superior a la comunidad negra cuando las instituciones exclusivamente blancas nos negaron la oportunidad. (OCR, 1991)

Howard, al igual que otras FUHN, era conocida por brindarles a los estudiantes negros el apoyo académico, emocional y social para enfrentar los desafíos de la vida universitaria.

Por primera vez en mi vida, fui parte de conversaciones en las que se analizaron y desafiaron mis creencias convencionales en las aulas, los dormitorios, la cafetería y los micrófonos abiertos del campus. Hubo momentos en que aprendí tanto en las discusiones profundas nocturnas en los pisos de baldosas de los pasillos de mi dormitorio como en las clases. Mis ojos y oídos se abrieron a otra forma de pensar, una forma que afirmaba quién era yo como un joven negro en Estados Unidos, cuya rica historia había sido despojada y luego reconstruida, poco a poco, en este campus histórico y sagrado. Phil, Todd y otros muchachos como Tim y Corey comentaban sobre temas en los que nunca había pensado, como obtener activos, tener inversiones financieras y ser empresario y propietario en lugar de ser únicamente un consumidor.

"Hombre, los negros tienen que darse cuenta de nuestro poder colectivo. Si nos uniéramos para comprar bienes raíces y negocios, podríamos contratar a nuestra propia gente y luego reinvertir en nuestras propias comunidades... dándonos a todos la misma oportunidad de tener éxito en la vida".

"Pero el sistema no está diseñado para darnos esas oportunidades. Simplemente no tenemos suficiente riqueza generacional. ¡La redistribución territorial se aseguró de eso!

"Sí, pero muchos de nosotros nos mudamos del barrio y nunca regresamos. Tenemos que ser los que eduquen a la próxima generación. ¿Cómo podemos hacer eso si conseguimos lo nuestro y luego nos mudamos a zonas residenciales y nunca regresamos?

Estos muchachos tenían objetivos académicos y profesionales a corto y largo plazo. Se sentían responsables no solo de sus vidas, sino también de impactar a sus comunidades. Estaban comprometidos con una causa superior por un cambio. Como jóvenes negros, eran conscientes tanto de la presión por el cambio como del poder de cambio.

Muchas de nuestras discusiones giraban en torno a nuestra supervivencia como jóvenes negros. Ya fuera que nos seguían en un centro comercial o cuando la policía nos seguía solo por ser negros., todos teníamos historias que intercambiábamos sobre lo que teníamos que hacer para simplemente mantenernos con vida y libres del encarcelamiento. Cuando surgían estos temas, a menudo pensaba en mis amigos de la infancia que no sobrevivieron, que murieron violentamente por armas de fuego por razones que van desde estar en el lugar equivocado en el momento equivocado, identidad equivocada, errores de adolescentes y peleas tontas. Todavía pienso en Ron-Ron, Mark y Jeremy, quienes vivían a una cuadra de la casa de mi infancia.

A diferencia de lo que escuché de amigos que asistieron a grandes escuelas estatales y universidades predominantemente blancas, yo era más que un número en Howard. Pertenecía a una comunidad diseñada para mí y me sentía especial. Los profesores sabían mi nombre y estaban ansiosos por ayudarme durante sus horas de oficina.

No se lo restregué en la cara a mi papá, pero me enorgulleció haberme aferrado a mi decisión de asistir a Howard en lugar de sucumbir a su presión de ir a Purdue.

Elegí la preingeniería como mi especialización y rápidamente me encontré pasando noches en el laboratorio de ingeniería. Este no era un lugar donde podía deslizarme o holgazanear en la última fila, como lo hice en la clase de inglés de la Sra. Smith en la escuela secundaria. Afortunadamente, tuve a Phil para que me ayudara con su apoyo en el camino.

Aunque se especializaba en finanzas, a menudo estudiábamos juntos y nos asegurábamos de no perder ninguna clase, excepto cuando estábamos fuera para las competencias de campo traviesa ese otoño. Phil fue a una escuela secundaria altamente competitiva en Brooklyn y confiaba en su preparación académica. Estaba enfocado y sabía mucho sobre nuestra cultura y nuestra historia como personas negras. En poco tiempo, aprendí mucho de Phil. Estaba muy centrado, bien organizado y orientado a objetivos. Incluso en el equipo de atletismo, rápidamente observé que era un feroz competidor. Era el tipo de persona con la que quería y necesitaba estar cerca.

Una soleada tarde de otoño, en el camino de regreso de la práctica de campo traviesa, Phil y yo vimos un anuncio en papel que anunciaba de una reunión de interés para un club social llamado Gentlemen of Drew, Caballeros de Drew, o G.O.D. por sus siglas en inglés, para abreviar, era un club que daba oportunidades para que los estudiantes de primer año en nuestro dormitorio se unieran y se apoyaran mutuamente. G.O.D. recibió el nombre de nuestro antiguo dormitorio, Drew Hall, que recibió su nombre de Charles Drew, el cirujano afroamericano que desarrolló formas de almacenar plasma en bancos de sangre. (Biography.com, 2020) El folleto captó mi interés y estaba deseando de saber más de ello. Phil no tenía interés en formar parte de G.O.D. Estaba más interesado en pasar tiempo con una joven que era estudiante de primer año en la Universidad de Georgetown, a unas pocas millas al otro lado de la ciudad, a quien había conocido y comenzó a salir durante el primer mes de clases.

Me intrigaba la idea de ser parte de una comunidad. Extrañaba la camaradería de mis compañeros de equipo de la escuela secundaria y aún no me había unido de esa manera con mi nuevo equipo en Howard. Sentía que necesitaba un lugar al que pertenecer porque, en el fondo, no sentía que estuviera a la altura de los demás estudiantes del campus.

En la reunión de interés de G.O.D., escuché a los muchachos de segundo y tercer año, que se habían unido al club durante su primer año, hablar con confianza y orgullo. Hablaron de G.O.D. siendo como una hermandad y lo orgullosos que estaban de las horas de servicio comunitario que hacían juntos. Y yo quería entrar.

Envié mi solicitud y pronto me llamaron para una entrevista. En la entrevista, me encontré, nuevamente, sintiéndome completamente desprevenido. Me senté en una silla frente a una fila de cinco tipos, todos vestidos con corbata, pantalones y saco. El panel de hombres que me hizo la entrevista era solo un año o dos mayores que yo, pero se sentía como si fueran décadas más sabios y experimentados que yo. Me abrí paso a tientas a través de dos rondas de entrevistas. Estaba sudando profusamente, y mi boca se sentía como si estuviera llena de algodón, y cuando mi mente estaba pensando en una respuesta, rápidamente se traducía en otra que no tenía sentido saliendo de mi boca.

"¿Qué tipo de cambio crees que es necesario para liberar a la comunidad negra?" preguntó un estudiante de segundo año con la cabeza calva y cejas pobladas.

"Uh, ¿las comunidades negras necesitan mejores escuelas?" Respondí con incertidumbre. "Necesitan maestros que puedan enseñar y, eh, debemos dejar de matarnos unos a otros y detener la violencia..." Mi mente estaba tan agotada y confusa que no pude terminar la mitad de mis respuestas durante la ronda.

Los hermanos G.O.D. mostraron mis flaquezas, riéndose a veces y manteniendo sus rostros estoicos en otros momentos.

"Tienes un largo camino por recorrer, hermano", comentó el tipo en el medio del panel con una corbata de cachemira y un corte de pelo bien rasurado.

"De verdad", confirmó el hermano fornido y de piel clara al final de la fila de panelistas, sacudiendo la cabeza con decepción.

Se encendieron enormes llamas de incertidumbre sobre quién era yo y en quién podía convertirme.

Después del proceso de entrevista, me sentí desinflado. Unos días después, recibí mi carta de rechazo. Una vez más, no di el tipo, pero ahora lo que estaba en juego parecía más importante. Al enterarme de que había una tasa de aceptación del noventa y ocho por ciento, me sentí devastado por ser el extraño. Desprecié a algunos de los líderes porque se burlaron de mi falta de preparación. No sentí el amor, la tutoría y el liderazgo que esperaba según lo que se presentó en la reunión de interés. Esto no se sentía como una hermandad.

Yo me había pasado antes. Me enfrenté al rechazo de mi padre cuando era niño. Me enfrenté al rechazo cuando intenté ingresar al equipo de campo traviesa de mi escuela secundaria. El rechazo no era mi destino final. Sabía que era importante para mí seguir adelante y continuar enfocándome en mis metas académicas y deportivas. Si quería lograr algo de valor, los atajos no tenían cabida.

Con G.O.D. o sin él, sabía que no podía permitirme seguir desanimado. Encontraría mi hogar, los amigos y los muchachos con los que podría conectarme, a quienes podría admirar. Necesitaba encontrar a mi equipo, mi hermandad nuevamente, y no dejaría que el rechazo me detuviera.

CAPÍTULO 10

LOS OJOS BIEN ABIERTOS

Sabía que encontrar a mi pandilla, mis hermanos, sería importante para sentirme como en casa en Howard. No estaba seguro de dónde encontraría esa hermandad, pero sabía que era necesaria. Una gran parte de mi identidad estaba conectada con el pueblo que me crió y me apoyó. Fue el pueblo que me llevó a Howard. Ese pueblo incluía a mi familia y al Jefe y a mi equipo de secundaria. Debido a que ninguna de esas personas estaba aquí conmigo en la escuela, necesitaba recrear ese pueblo.

Al final de la semana de orientación de mi primer año, conocí a uno de los chicos más geniales y astutos que jamás había caminado por el campus de Howard, Charles Graham. Charles era mentor en una organización llamada Campus Pals. La universidad creó esta organización para proporcionar a los estudiantes que ingresan un estudiante de último año que pueda apoyarlos y guiarlos durante su crítico primer año en el campus. Mi carta de orientación decía que se me asignaba a Charles fue asignado como mi "compañero".

Conocí a Charles en el evento social anual de helados Campus Pals, la celebración de fin de semana que culmina la orientación para estudiantes de primer año. Phil y yo estábamos emocionados de pasar el rato y conocer a otros estudiantes de primer año para aliviar la ansiedad que se acumulaba mientras nos dirigíamos a nuestra primera semana de clases.

"Hola, Dez, encantado de conocerte", dijo Charles con una amplia sonrisa.

Era más bajo que yo, de unos cinco pies y ocho pulgadas de alto, pero su confianza y presencia lo hacían parecer un gigante. Era divertido, genial y con los pies en la tierra. Era inteligente, elocuente, compasivo y decidido, pero nunca pretencioso ni desagradable. Y él era el presidente de Alpha Phi Alpha Fraternity, Inc., Capítulo Beta.

Alpha es la primera fraternidad de letras griegas negras en Estados Unidos, fundada en la Universidad de Cornell en 1906. El Capítulo Beta de Alpha fue el primero en ser constituido en una FUHN. Alpha cuenta con algunos de los líderes más dinámicos de la comunidad negra, incluidos Jesse Owens, Garrett Morgan, Chaka Fattah, Martin Luther King Jr., Ralph Bunche, Andrew Young, Thurgood Marshall, Duke Ellington, Stuart Scott y Stan Verrett. (Alpha Phi Alpha Fraternity, Inc., 2021) Con este legado, sabía que Charles tenía que ser alguien especial.

Charles pronto se convirtió en mi modelo a seguir y en la persona que yo aspiraba a emular. Charles y sus hermanos de la fraternidad Alpha hicieron que creciera mi interés por una hermandad formal después de presenciar el amor, la camaradería y el liderazgo que estos hombres negros mostraron en el campus. Sus saludos mutuos, con apretones de manos secretos, abrazos y cánticos de fraternidad, reflejaban una conexión con algo más grande que quienes eran como individuos. Vestían camisetas, chaquetas y sombreros negros y dorados, la parafernalia los hacía fácilmente reconocibles.

Pero su presencia en el campus, su confianza en las clases y su búsqueda de la excelencia eran lo más influyente.

Un par de meses después de conocer a Charles, después de mi rechazo de G.O.D., me invitó a uno de los programas que su fraternidad presentaba con un autor llamado Anthony Browder. Cuando llegué esa noche, entré a la sala de reuniones en el Centro de Estudiantes de Blackburn e inmediatamente me sentí mal vestido con mis jeans, polo y mocasines. Todos los hermanos de Alpha Phi Alpha vestían pantalones y corbata, y muchos de ellos vestían traje. Parecían tan seguros de sí mismos, tan profesionales. Entonces, traté de limpiarme las manos en mis jeans para minimizar la humedad que se formaba en mis palmas. Me presenté a algunos de los chicos y tomé mi asiento.

Durante los siguientes cuarenta y cinco minutos, Anthony Browder habló sobre el poder de los hombres negros y la historia de nuestro pueblo.

Lo recuerdo diciendo: "Venimos de gente poderosa. Creamos civilizaciones. Los medios quieren retratarnos como si viniéramos de un pueblo bárbaro. Eso simplemente no es cierto. La innovación y la sofisticación de nuestras antiguas civilizaciones africanas sentaron las bases de todas las sociedades modernas de hoy".

Nunca había escuchado a nadie hablar así antes, pensé. ¿Dónde aprendió todo esto? Quiero saber lo que sabe.

Continuó hablando enérgicamente sobre el impacto de nuestras palabras y cómo podemos usarlas para manifestar cosas en nuestras vidas. Me quedé intrigado no solo por lo inteligente y confiado que era Browder, sino también por cómo desafió mi forma de pensar y me ofreció creencias alternativas sobre quién era yo como hombre negro. Esto no era algo que aprendí en la escuela, a pesar de que la población de Gary era 81 por ciento negra. (Censo de EE. UU., 1990) Era el orador más poderoso que jamás había escuchado. La energía y el amor fraternal en la habitación eran magnéticos. Los hermanos escuchaban atentamente a Browder, asentí con la cabeza cuando estaban de acuerdo con sus sentimientos e intercambiaban miradas de complicidad cuando Browder decía algo que los intrigaba. Trabajaron juntos, organizando el diálogo de preguntas y respuestas e incluso sirviendo refrigerios al final del evento. Me fui sintiéndome empoderado, como si hubiera aprendido más en esa noche sobre quién era realmente de lo que había aprendido en toda mi vida.

Empecé a darme cuenta de que los lazos fraternales eran más profundos que el compañerismo que observaba. Su misión era desarrollar líderes y promover la hermandad y la excelencia académica mientras brindaban servicio y defensa más allá de nuestras comunidades.

* * *

A principios del invierno de mi primer año, me estaba afincando en el campus. Empecé a desarrollar amistades. Sabía lo que significaba estudiar y priorizar mis estudios. Sabía lo que podría ser la verdadera hermandad en una fraternidad y sabía que quería comprometerme con Alpha cuando fuera elegible durante mi segundo año. Y finalmente encontré mi nuevo equipo: Track Bison.

Tuve la suerte de recibir una beca deportiva parcial para correr en pista en Howard e inmediatamente encontré apoyo en el ambiente del equipo.

En muchos programas de la División I de la NCAA, los estudiantes-atletas sentían una presión increíble para rendir o arriesgarse a perder las becas. Afortunadamente, no me sentí así. Nuestro legendario entrenador, William P. Moultrie, se enfocó en hacernos mejores personas. El entrenador Moultrie era un chico de campo de corazón. Nacido y criado en Rockdale, Texas, lucía con orgullo sus botas de vaquero y su gran hebilla de cinturón. Moultrie se convirtió en entrenador asistente del equipo olímpico de 1992 y luego hizo historia como el primer árbitro de pista olímpico afroamericano en los Juegos Olímpicos de Atlanta de 1996. (USTFCCCA n.d.)

El entrenador Moultrie medía alrededor de seis pies y una pulgada, pero como siempre usaba un sombrero de vaquero, parecía más alto. Su tono de piel era de un marrón intenso, por lo general bronceado aún más porque pasaba mucho tiempo al aire libre en la pista. Su presencia estaba en auge, y caminaba con determinación. Estaba lejos de ser un pusilánime; de hecho, a menudo era más un entrenador brutal, directo, "te lo digo como es" y "te hiero tus sentimientos". Pero siempre sentimos su hospitalidad sureña y su amor.

Era un líder, un pionero, un mentor al que todos admiramos. Aceptamos su disposición y obligación de desarrollar el carácter más que ganar campeonatos. Nos empujó atléticamente, eso era seguro, pero nos desafió a hacernos responsables de nosotros mismos y de los demás. Hizo imperativo que representáramos al equipo y a la universidad al más alto nivel y marcáramos la diferencia y allanáramos el camino para los que vinieran detrás de nosotros. Sobre todo, exigió que nos respetáramos a nosotros mismos y representáramos a nuestras familias de la manera más honorable.

La filosofía de Coach Moultrie me quedó clara en uno de mis primeros encuentros a campo traviesa. Mientras que la mayoría de los estudiantes de primer año viajaban a encuentros locales alrededor de DC, Phil y yo fuimos los únicos dos estudiantes de primer año en formar parte del equipo de carreras de viajes después de terminar con tiempos que nos clasificaron entre los siete primeros en encuentros anteriores. Phil y yo estábamos entusiasmados con nuestra primera reunión de viaje, y después de las clases del viernes, el día anterior a la competencia, empacamos nuestras bolsas de lona y nos dirigimos a la camioneta de quince pasajeros estacionada junto al Burr Gymnasium. Algunos de nuestros compañeros de equipo se reunieron afuera de la camioneta, conversando y esperando que el entrenador Moultrie saliera de su oficina en el nivel inferior de Burr. Phil y yo nos acercamos y saludamos a nuestros compañeros de equipo Reggie Johnson, Shaun Bell, Jomo Davis y Thomas C. Smith.

Charlamos un poco, disfrutando del clima templado en la tarde de finales de otoño. El último de nuestros compañeros de equipo se unió a nosotros mientras esperábamos ansiosamente para comenzar nuestro viaje por carretera. El entrenador Moultrie salió a grandes zancadas de Burr, con su habitual sombrero de vaquero beige y botas marrón oscuro.

"Muy bien chicos, vamos a cargar", dijo. Phil y yo agarramos nuestras maletas y subimos a la camioneta detrás de Thomas.

"En el remolque, estudiantes de primer año", dijo Thomas y asintió hacia la elevación en el piso entre la segunda y la tercera fila de la camioneta.

"Oh, diablos, no, no hay asientos ahí", respondió Phil.

"Eres un estudiante de primer año. Te sientas donde yo digo que te sientes", respondió Thomas.

Los otros estudiantes de último año intervinieron.

"¡Sí, en el remolque, estudiantes de primer año!"

"¡Tienen que pagar sus cuotas, estudiantes de primer año!"

Toqué a Phil y murmuré: "Hombre, sentémonos aquí por ahora. Esto no es gran cosa. Me di cuenta de que Phil estaba furioso, pero obedeció. El entrenador Moultrie finalmente nos llevó y nos dirigimos aproximadamente a una hora, justo al otro lado de Baltimore. Los chicos bromeaban y se reían en el viaje. Phil no dijo mucho en todo el tiempo. yo tampoco Mi lealtad era para Phil, pero sabía que no podía ayudarlo a ganar la batalla contra esos estudiantes de último año.

Al día siguiente, nuestra presentación en el Morgan State Invitational hizo que valiera la pena el incómodo viaje. Dominamos el campo, y Phil no solo lideró a nuestro equipo, ¡sino que también ganó toda la carrera! *¡Sí, ahora tienen que respetar a los estudiantes de primer año que pueden correr así!* Gritamos con orgullo y entusiasmo, bromeando mientras regresábamos a la camioneta para regresar a casa después de que terminara la ceremonia de premiación.

«¡Estoy a tope!» Le dije a Phil con un rebote en mi paso.

"Hombre, podemos ser realmente buenos este año", dijo Reggie mientras nos acercábamos a la camioneta.

"Sí, en realidad podemos ganar nuestros campeonatos de conferencia", intervino Jomo. "Buen trabajo, estudiantes de primer año", dijo, asintiendo hacia nosotros. Phil y yo asentimos con la cabeza, aún sin saber realmente la magnitud de tal victoria. Volvimos a subir a la camioneta, ansiosos por tomar un asiento cómodo para el viaje de regreso, especialmente porque estábamos exhaustos y nuestras piernas todavía se sentían como gelatina.

"Oh no, estudiantes de primer año. De vuelta al remolque", dijo Thomas.

«¡De ninguna manera!» Phil reprendió. "Acabo de vencer a todos ustedes. No me voy a sentar en esa cosa. Mierda, uno de ustedes necesita sentarse allí.

«¿Con quién diablos estás hablando, estudiante de primer año?» Tomás replicó. «¡Será mejor que retrocedas antes de que te den una paliza!»

Phil no se desanimó, "¿Qué vas a hacer, tonto? ¡Ya te dije que no me sentaré en el maldito remolque!

El entrenador Moultrie escuchó el alboroto y no estaba contento.

«Hijo, ven aquí», le dijo bruscamente a Phil. Los dos se alejaron de la camioneta, fuera del alcance del oído del resto de nosotros.

Phil me dijo que el entrenador Moultrie reiteró que su equipo se trata de respeto y trabajo en equipo y que no toleraría el tipo de conversación que escuchó de Phil. Cuando Phil trató de defenderse, el entrenador Moultrie desestimó los argumentos de Phil y reiteró que Phil necesitaba pagar sus deudas y comportarse con más respeto. El entrenador Moultrie no gritó ni usó malas palabras, pero Phil sabía que tenía que alinearse. El entrenador Moultrie no era alguien a quien poner a prueba.

Mientras Moultrie se alejaba, lo escuché decirle a Phil: «¡El oro no brilla hasta que pasa por el fuego!».

En el viaje de regreso, Phil estaba enojado nuevamente mientras nos sentábamos en silencio. No estaba de acuerdo con esta regla de jerarquía que nos ponia en desventaja como estudiantes de primer año. Creía que la edad y los años no importaban tanto como el esfuerzo. *esto es una mierda*. Pero no me atreví a decir una palabra. Aún no.

Aunque ese viaje en autobús a casa estuvo lejos de ser ideal, no permitimos que eso arruinara nuestra actitud de ser parte de la familia Track Bison. Como equipo, todos seguimos participando en las prácticas. Y no me contuve cuando se trataba de desafiar a mis compañeros de equipo. En una carrera larga, mi compañero de equipo Corey se quedó tan sin aliento que se detuvo.

Cuando Phil y yo nos acercamos a él, mi mirada desconcertada y preocupada se convirtió en furia e ira a medida que me acercaba. Con las manos en las rodillas, Corey simplemente estaba sin aliento, no estaba herido ni lastimado como pensé inicialmente.

"¡Vamos hombre!" le grité. Agarrándolo por debajo de la barbilla, lo levanté y me repetí: "¡Vamos, hombre! ¡Estamos tratando de ganar MEAC este año!" Le recordé que teníamos la oportunidad de ganar el título de la Conferencia Atlética del Medio Oriente, algo que nunca habíamos hecho como programa. Una vez más, le grité a Corey: "¡Vamos, hombre!"

Corey respiró hondo y se levantó. Nos miró a mí ya Phil, sabiendo que no lo dejaríamos solo. Sacudió la cabeza y luego trotó lentamente detrás de nosotros, recuperando algo de velocidad en su paso después de unos pocos pasos.

Rápidamente me gané la reputación de ser sensato en la práctica. No dudaba en llamarle la atención a mis compañeros de equipo si intentaban holgazanear. La cultura que el Jefe había construido para mi equipo de secundaria fue lo que practiqué. Ética de trabajo intensa. Alta responsabilidad. No hay excusas. Y mis compañeros de equipo de Howard comenzaron a notar esos rasgos durante mi primer año.

Aunque era un caballo de batalla, no era tan talentoso como varios de los otros muchachos, incluido Phil. Phil no solo era talentoso, sino que también provenía de un programa de secundaria que era altamente competitivo. Brooklyn Tech ganó un campeonato estatal y una triple corona (ganando títulos de pista de campo traviesa, en pista cubierta y al aire libre) en el último año de Phil, y siempre recordaba rápidamente que provenía de un equipo ganador.

Los estudiantes de último año toleraban el ego de Phil, solo un poco, porque continuó liderándonos, terminando primero o segundo detrás de Reggie en el equipo en casi todos los encuentros. Antes de los campeonatos de MEAC, estábamos seguros de que con Phil y Reggie allanando el camino, conseguiríamos el primer campeonato de conferencia en la historia de la escuela.

Para cuando nos alineamos para la carrera por el campeonato de la conferencia, nos habíamos unido como equipo, y aunque extrañaba a mis muchachos de Horace Mann, me encantaba correr para Howard y exudaba un nuevo estilo cuando me ponía la camiseta de HU.

Miré hacia la línea de salida, nervioso pero confiado. Nuestros equipos competidores no nos eran desconocidos, con la excepción de Florida A&M, pero no podía predecir el resultado. El hombre número uno de Morgan State y nuestros dos mejores hombres habían luchado antes, y nuestros muchachos tenían suficiente en su tanque para vencerlo. Estaba seguro de ello. todos lo estábamos. El resto de nosotros sería su elenco de apoyo, con la fuerza suficiente para colocarse bien y ganar el premio general del equipo.

El sudor corría por mi espalda y mi frente. Era un fresco día de otoño a principios de noviembre, pero nuestro calentamiento fue completo. Estaba listo.

"Corredores, listos", gritó el titular. Todos se inclinaron hacia adelante, en cuclillas en posición inicial, aumentando la tensión.

¡Pum! Y estábamos corriendo hacia adelante sobre la hierba verde-béis. Rápidamente encontré mi ritmo, colocándome en el medio de la manada y mirando a Phil y Reggie delante de mí. Sabía que estarían delante de mí, y sabía que era responsable de cubrir sus espaldas, haciendo mi parte para permanecer lo suficientemente cerca como para mantener la extensión del punto lo más estrecha posible.

Después de la primera milla a través del recorrido bordeado de árboles, apenas podía ver el líder, pero estaba siguiendo al enorme grupo de perseguidores, que es el grupo de corredores que se encuentra muy cerca de los líderes de la carrera. Me mantuve cerca y maniobré estratégicamente alrededor de cualquier corredor que estuviera inmediatamente delante de mí cuando pude. Esta era una carrera de diez kilómetros (6,2 millas), así que me acomodé, confiando en mis años de resistencia y acondicionamiento.

En la milla tres, la pesada respiración a mi alrededor se convirtió en mi banda sonora. Ignoré la opresión en mi pecho y me concentré en el siguiente grupo delante de mí, moviendo mis brazos con más esfuerzo, todavía sintiéndome lo suficientemente cómodo como para adelantar al próximo corredor unos pasos delante de mí. Miré hacia arriba y ahora me estaba conectando con mis compañeros de equipo entre los veinte primeros. La fuerza viene en números, y fuimos fuertes.

Era nuestro segundo rodeo en «Parachute Hill», apodado así por su longitud y su pronunciada y drástica inclinación, y era el momento perfecto para recuperar terreno. Yo lo capitalicé, y mis compañeros también.

En el vértice de la colina, tres comisarios de carrera nos hicieron señas hacia la derecha.

Delante de mí, no podía ver la batalla de Phil, pero sabía que estaba ahí afuera. Estábamos apuntando a Morgan State, con la esperanza de que Phil y Reggie fueran nuestro doble golpe para la victoria.

Terminé la carrera con una fuerte patada, pasando poco a poco a uno más de mis oponentes, decidido a anotar lo más bajo posible como uno de nuestros siete primeros.

Salí a trompicones de la rampa de la línea de meta y encontré a un par de mis compañeros de equipo a unos metros de distancia. Reggie estaba en el suelo, con la cabeza entre las rodillas, tratando de recuperar el aliento. Phil estaba dando tumbos, extremadamente molesto.

«¡Esto es una mierda, hombre!» Farfulló entre jadeos. No tenía idea de lo que estaba hablando, pero aún no podía hacer preguntas. Todavía estaba luchando por respirar y estar de pie al mismo tiempo. Me tiré a la cabeza un vaso de agua que agarré de la mesa al final de la línea de meta. Entonces mis manos se movieron a mi cabeza para abrir mis pulmones, que estaban pidiendo desesperadamente más aire.

Después de unos minutos más, pude acercarme a Phil.

"Phil, ¿qué pasa, hombre? ¿Cómo terminaste? Yo pregunté.

"Hombre, nos dejaron ir por el camino equivocado. yo estaba al frente Entonces . . . nosotros . . . hombre, fuimos. . . ¡por el camino equivocado!»

«¿Eh?» fue todo lo que pude reunir al principio. «¿Qué? ¿Qué quieres decir?»

"¡Fuimos por el camino equivocado! Yo y el tipo de Florida A&M. Luego nos enviaron de regreso, pero ya habían pasado como diez tipos. Corrimos como 400 metros más. . . ¡mierda!» Phil parecía a punto de llorar. O explotar. O ambos.

Mientras reconstruía lo que dijo, estaba claro que mientras lideraban la carrera, Phil y su oponente se habían ido por el camino equivocado, y una vez que fueron dirigidos de regreso a la pista, tenían demasiado terreno que recuperar para alcanzar al grupo de corredores adelante.

No tuve respuesta. *Entonces, ¿qué significaba esto? ¿En qué puesto terminó? ¿Se desvanecieron nuestras esperanzas de campeonato?*

Nos reunimos como equipo después de ponernos los pantalones de chándal para esperar los resultados. El locutor se llevó el megáfono a los labios y comenzó a anunciar los puntajes finales y los premios del equipo.

"En cuarto lugar, con 107 puntos, North Carolina A&T. En tercer lugar, con setenta y un puntos, Florida A&M."

Mi estómago estaba revuelto, así que bajé la cabeza para decir una pequeña oración.

"Y, en segundo lugar, con setenta puntos, Howard. ¡Y, en primer lugar, por solo tres puntos, Morgan State, con sesenta y siete puntos en total!".

Levanté la cabeza y respiré hondo. Luego miré a Phil. Parecía aplastado. Sabía que se sentía culpable por esta pérdida. Thomas, Jomo y Broderick Harrell fueron a la mesa de premios para reclamar la placa de nuestro equipo. El resto de nosotros hicimos todo lo posible para sonreír durante la foto del equipo. El subcampeonato no estuvo mal. Fue nuestra mejor actuación como escuela en mucho tiempo. Moultrie nos dijo que estaba orgulloso de nosotros y que nosotros también deberíamos estarlo. Quería sentir ese orgullo del que hablaba, pero no podía reunirlo. Dejamos algo en el campo, como si alguien lo hubiera agarrado antes de que pudiéramos recuperar lo que era nuestro por derecho.

Aunque la pérdida dolió, esto fue una confirmación para mí. Me dolía porque no había hecho más por mis compañeros. Se había producido un cambio. Finalmente encontré un hogar que anhelaba después de muchos intentos fallidos, un nuevo equipo de hermanos por los que quería correr y que darían forma a este próximo viaje en mi vida.

CAPÍTULO 11

PERDIENDO EL EQUILIBRIO

———

Mi primer año pasó volando, y después de una sólida temporada de atletismo al aire libre en la primavera, me dirigí a casa para el verano. Pasé esas semanas de verano trabajando a medio tiempo, aumentando mi kilometraje con carreras largas y saliendo con mis ex compañeros de equipo y amigos de la escuela secundaria. Antes de darme cuenta, llegó el primer semestre de mi segundo año. Salté de nuevo a mi rutina de clases y prácticas a campo traviesa. En unas pocas semanas, cambié mi enfoque para seguir los pasos de mi nuevo mentor, Charles Graham. Empecé a buscar seriamente la membresía en Alpha Phi Alpha.

Phil y yo expresamos interés en la fraternidad y comenzamos a asistir a los programas patrocinados por Alpha Phi Alpha en el campus. Los programas incluían talleres educativos y culturales, eventos de servicio comunitario y encuentros sociales. Buscábamos conocer a otros miembros de Alpha, incluidos Charles Graham, Darrius Gourdine, Kevin Monroe y Ronald Sullivan, y cuanto más hacíamos, más me daba cuenta de que anhelaba la tutoría y el liderazgo que los hermanos mayores podían brindar. La necesidad de un sentido de pertenencia, más allá de lo que formé con mis compañeros de equipo de Track Bison, me atraía cada vez más. Mientras Phil y yo buscábamos seriamente la membresía, conocimos otras promesas con la misma mentalidad. Pero, muchacho, estaban por delante de la manada. Brett Allen, un chico de piel clara y cabello castaño rizado de Detroit fue uno de ellos. Él y Joey Gibbs se pararon frente a nuestro grupo esperanzado, que se había reunido en el sótano de un dormitorio en el campus. Joey era unos centímetros más bajo que yo, pero parecía estar por encima de todos nosotros con un conocimiento que ninguno de nosotros poseía. Era musculoso, tenía la constitución de un jugador potente y hablaba con un ligero acento sureño y convicción sobre lo que debemos hacer y esperar durante este proceso prospectivo. Pronto descubrimos que el hermano de Joey era miembro de Alpha y se había comprometido un año antes.

"Necesitamos llegar a conocer a cada hermano en el campus. Los que se han graduado, llámenlos... cualquiera de los hermanos que se han comprometido en los últimos diez años", comenzó Joey. "Ser visto pero no visto. Ve a tus clases, a tus prácticas, a los talleres y programas, pero no te dejes ver en ninguna fiesta. Este proceso ahora es una prioridad en nuestras vidas y no tenemos tiempo para socializar". Joey hizo una pausa y nos miró intensamente. Estábamos solemnes, asimilando todo.

Continuó: "Aquí están las partes de la historia que necesitas aprender. Conoce a los hermanos fundadores, conocidos como las Siete Joyas. Aprende todos los capítulos de una sola letra..."

Joey nos cautivó y estábamos deseando escuchar más información. Mientras iba deliberando, todos escuchábamos en silencio y con atención. Algunos de nosotros nos inclinamos, como si esa leve acción pudiera profundizar nuestra comprensión. Otros tomaban apuntes, garabateando lo más rápido posible, capturando tantos detalles como se compartían. Fue el comienzo de nuestra operación encubierta. Seríamos parte de una sociedad secreta en el campus hasta que aprendiéramos todo lo que necesitábamos saber y demostráramos nuestra devoción y compromiso. Entonces, y solo si nos lo hubiéramos ganado, seríamos invitados a unirnos a la fraternidad fundada por negros más antigua y prestigiosa de cualquier campus universitario.

Phil y yo caímos rápidamente en una intensa rutina en nuestra búsqueda de Alpha. Asistimos a todas nuestras clases cada día. Asistimos a la práctica después de las clases. Y luego pasamos las tardes estudiando nuestra historia e información Alpha, conociendo a los miembros actuales de Alpha y mezclándonos con los otros muchachos que buscaban membresía. Phil y yo nos pusimos en contacto con Brett y Joey con más frecuencia y pronto comenzamos a pasar la mayor parte de nuestro tiempo en el grupo. Pasamos tanto de nuestro tiempo libre intentando ingresar en Alpha que teníamos poco tiempo para estudiar para nuestras clases. Tanto es así que Brett, Joey y yo nos encontramos en una posición que no esperábamos. Perdimos nuestro enfoque. Perdimos nuestro camino y descuidamos nuestras prioridades académicas. Nuestras calificaciones del semestre de otoño fueron tan malas que ya no teníamos el GPA para ser elegibles para comprometernos en la primavera.

Estuve haciendo tantos malabarismos durante el semestre de otoño (clases, compromisos y práctica) que, cuando llegó diciembre, estaba deseando que llegaran las vacaciones de invierno. Volver a casa y pasar tiempo con mi familia me hizo bien. Disfrutar de las comidas caseras de mi madre, jugar a las cartas hasta altas horas de la madrugada con mis primos y descansar en la casa con mi madre y Shnicks hizo que me sintiera rejuvenecido.

Durante las vacaciones de invierno, pude recargar energías y entrenar con mi antiguo equipo de la escuela secundaria. El Jefe siempre dejaba que los exalumnos participaran en los entrenamientos durante los descansos, y era reconfortante sentirme conectado con el equipo que había sido como una familia para mí durante tantos años. El Jefe incluso puso una foto mía del tamaño once por catorce con mi uniforme de Howard en la vitrina de trofeos del gimnasio de la escuela secundaria, lo que me hizo sacar un poco más el pecho cuando visité mi alma mater. Muchos de los muchachos más jóvenes que aún estaban en el equipo me admiraban. Volver fue como un reencuentro. Fue reconfortante, tanto emocional como físicamente. Me sentía en casa.

Los consejeros de mi antigua escuela secundaria también me invitaron a hablar con los estudiantes acerca de asistir a la universidad. Esperé con ansias la responsabilidad de animar a otros a seguir una educación superior y ser un modelo a seguir. Hacía que mucha gente se sintiera orgullosa, pero también me enorgullecía de ello en el proceso.

En mi segundo día de regreso al campus después del descanso, me desperté a las 6 a. m., me vestí y me preparé para tomar el autobús para nuestra primera competencia de atletismo a pista cubierta. Caminé desde mi dormitorio, Carver Hall, en la oscuridad con un grupo de mis compañeros de equipo. Charlamos libremente durante la caminata de aproximadamente seis cuadras hasta el estadio donde esperaba el autobús. Mientras arrojábamos nuestras maletas debajo del autobús, el entrenador Moultrie se bajó con un bolígrafo y una libreta. Volvió a mirarlo y luego me miró a mí. "Desmond. Ven aquí, hijo". Me acerqué al entrenador. "No puedes venir con nosotros. Veo que tus calificaciones del semestre pasado no fueron muy buenas. No puedes viajar con el equipo". Sacudiendo la cabeza, continuó mirándome. "Hijo, me dijiste que querías estar aquí. Toma tu bolso y continuaremos esta conversación en un par de días".

Mi corazón se hundió. Con la cabeza gacha, agarré mi bolso. Sabía que mis calificaciones no se veían muy buenas, pero no fue hasta ese momento que realmente me golpeó. Observé cómo se alejaba el autobús e imaginé que mi beca y mi vida como estudiante universitario en Howard se esfumaban.

La larga caminata de regreso a mi dormitorio se sintió como una marcha de la muerte. *¿Cómo arruiné esto?* Tuve un primer año tan exitoso, pero había caído rápidamente a mediados del semestre de otoño de mi segundo año. Después de conocer a Charles Graham y sentarme en la audiencia cuando habló Anthony Browder, anhelaba ser un hombre Alfa. La fraternidad podría proporcionarme una hermandad de por vida fuera de mi Track Bison, pero no habría fraternidad para mí si no mantenía mis ojos en mis estudios académicos y permanecía en la escuela. El período previo al compromiso—aprender la historia de la fraternidad y conocer la hermandad—me consumió. No estaba de fiesta como mucha gente en la universidad, pero prioricé otras oportunidades sobre mis clases y, por admirable que fuera, sabía que tenía que volver a comprometerme y mejorar mis calificaciones.

¿Cómo le voy a decir a mamá y al Jefe? ¿Qué pasará si me envían a casa? ¿Qué dirá mi familia? Con cada paso hacia

mi dormitorio, me enojaba más y más. ¿*Cómo dejé que esto sucediera? ¿Qué pasa si no puedo subir mis calificaciones?* Luché contra las lágrimas que ardían en mis ojos y amenazaban con derramarse. Mi ritmo se aceleró cuando mi nariz comenzó a gotear, el aire fresco de enero quemaba el interior de mis fosas nasales. No quería que nadie viera las lágrimas desafiantes que se negaron a permanecer escondidas en mis conductos lagrimales.

Tan pronto como llegué a mi dormitorio, arrojé uno de mis libros al otro lado de la habitación y me derrumbé en la cama con un grito feo y desesperado. Mocos y todo.

Esa noche, no pude dormir. Momentos del último semestre resonaban en mi cabeza. Hubo tantas veces que fui a clase tan cansado que sabía que no había tomado buenos apuntes y sabía que no había entendido la lección. Una vez que comenzó el período previo al compromiso, se descuidó mi horario organizado de trabajo en clase y comencé a pasar tanto tiempo libre preparándome para el proceso de compromiso de primavera que ya no prioricé mis estudios. Todavía asistía a mis clases, pero mi estudio era inconsistente y mi atención en clase era mínima. Me las arreglé y aprobé las clases optativas fuera de mi especialización, pero mis clases obligatorias se resistieron.

Decidido a solucionar esta situación, me reuní con mi asesor académico para ver cómo podía corregir mi rumbo. Ella simplemente meneó la cabeza cuando le dije que sabía que no me estaba yendo bien, pero que no tenía ni idea de que un mal semestre me dejaría inelegible y en peligro de ser expulsado de la universidad. Me dijo que podía tomar dos cursos en la escuela de verano. No podía darme el lujo de tomar las clases en Howard, pero descubrí que podía tomarlas en el centro comunitario de mi ciudad natal, la

Universidad del Noroeste de Indiana, un rayo de esperanza que podía cambiar las cosas.

Programé una reunión con el entrenador Moultrie esa misma semana. Mi corazón latía con fuerza y mi estómago se revolvió cuando entré en su oficina. Estaba sentado en su gran escritorio de madera con las manos cruzadas sobre el pecho.

"Hijo, tu madre ha hecho mucho para asegurarse de que llegues aquí. No todo el mundo tiene este tipo de oportunidades. Estoy decepcionado. Esto es algo que tendrás que resolver. No todo el mundo está destinado a ser un Track Bison. Un tercio de los estudiantes que vienen aquí no se gradúan. Es difícil ingresar, pero es aún más difícil graduarse y aún más difícil ser un Track Bison".

Continuó: "No eres elegible, hijo. Y eso significa que no puedes conservar tu beca". Su mirada se intensificó y su ceño se profundizó.

Esas palabras resonaron en mis oídos. *No puedes mantener tu beca.* "¿Qué quieres decir?" Pregunté, confundido.

Se inclinó hacia delante y apoyó los codos en el escritorio. Su voz se hizo un poco más fuerte y aguda cuando dijo: "No puedo darte ninguna ayuda financiera atlética. No cumpliste con tu parte del trato. Me senté por unos momentos en silencio y sin poder creérmelo. Finalmente, me levanté de la silla y lentamente me dirigí a la puerta.

Tan pronto como salí de la oficina, comenzaron las lágrimas y no pude recuperar la compostura en el camino a casa a través del campus.

Esa noche, supe que tenía que llamar a mi mamá para darle la noticia. No había manera de posponer eso. Sonó el teléfono y esperé que no contestara. Pero al segundo timbrazo mis esperanzas se desvanecieron.

"¿Aló?" ella respondió.

"Hola, mamá".

"Hola, muchacho, ¿cómo estás?" ella preguntó. Agarré mi teléfono con más fuerza mientras me sentaba en mi cama. Se me hizo un nudo en el estómago mientras buscaba las palabras adecuadas para iniciar la conversación.

"¿Muchacho?" ella dijo de nuevo. Escuchar el apodo que me dio cuando era niño hizo que mi corazón se hundiera aún más, sabiendo que la decepcionaría con las noticias que le iba a dar.

"Estoy aquí. Tengo que decirte algo, mamá —empecé. "Yo, eh, perdí mi beca", solté finalmente.

Mi mamá suspiró en el teléfono. "Oh, Dez... ¿cómo?" Traté de explicar por qué me había perdido algunas clases y reprobé algunos exámenes, pero no tenía sentido escucharlo en voz alta.

Ella suspiró de nuevo. "No puedo ayudarte con esto", dijo. "Tú solito te metiste en este problema y ahora debes lidiar con el. No puedo gastar el dinero que no tengo".

Sabía que ella tenía razón. Pensé en lo que el Jefe siempre le decía a nuestro equipo en la escuela secundaria: "Puedes tomarte el resto del día para revolcarte en tu miseria, pero cuando sale el sol al día siguiente, los verdaderos campeones levantan la cabeza y vuelven a hacerlo." No tenía idea de cómo saldría de esta, pero sabía que tenía que intentarlo.

Ese semestre de primavera, tuve que entrenar solo en lugar de con el equipo. Algunos de los muchachos que llegué a conocer durante el período de pre-compromiso Alpha continuaron con el proceso de compromiso. Ahora estaba separado de los dos grupos de hermanos de los que dependía: mis compañeros de equipo y mis amigos que también buscaban ser hombres Alfa. Todo el semestre continuó de manera mediocre.

Por primera vez, mi madre realmente había dejado de sacarme las castañas del fuego. Ella no me ofreció ayuda financiera para compensar mi beca perdida. Al final del semestre de primavera, sabía que tenía que volver a casa y buscar un trabajo de verano en el East Chicago Boys & Girls Club para pagar mis cursos de verano. Saqué préstamos para el próximo semestre de otoño para cubrir la pérdida de mi beca. Delineé mi propio régimen de entrenamiento para el verano. Tenía que entrenar dos veces al día, mañana y tarde, porque no podía hacer todas mis millas antes del trabajo y las clases. Mientras que la mayoría de los estudiantes universitarios pasaban el verano pasando el rato, yendo al cine y a fiestas, yo pasaba seis días a la semana despertándome a las 5:30 a. m. para correr en la pista de mi antigua escuela secundaria, registrando entre cinco y diez millas. Mis clases de la escuela de verano comenzaban a las 8:30 a. m. y terminaban al mediodía. Trabajaba de 1 a 7 p. m., luego regresaba a la pista para terminar el día con una carrera corta, generalmente de tres a cinco millas.

Tenía algo que demostrarle a mi mamá. Al Jefe. Al entrenador Moultrie. A mí mismo. Pero estaba agotado. Este verano fue diferente al anterior donde tuve independencia y libertad como un adulto joven. Ahora tenía una misión. Era machacante.

Más tarde en el verano, llamé al entrenador Moultrie para informarle sobre mi progreso. Antes de que pudiera darle todos los detalles sobre lo que había estado haciendo durante el verano, dijo: "Hijo, vamos a tener que hablar cara a cara sobre esto. Necesitamos tener una conversación más larga, y necesito saber que estás de vuelta en el camino correcto".

CAPÍTULO 12

ENCONTRAR LA REDENCIÓN

Tan pronto como pisé el campus a mediados de agosto, mi primera parada fue la oficina del director de la oficina de alojamiento. Llamé todo el verano para preguntar sobre ser un Ayudante de la Residencia (R.A.). Me dijeron que todos los puestos estaban ocupados, pero eso no me impidió llamar. El director quedó impresionado con mi tenacidad, pero aun así dijo que no había un lugar vacante.

Una semana después, recibí una llamada de la oficina de alojamiento. Uno de los ayudantes de la residencia (R.A..) que habían asegurado de repente que no regresaba. La mujer en el teléfono me preguntó si todavía estaba interesado. Aproveché la oportunidad. La posición de R.A. significaba que el coste de mi alojamiento estaba cubierto. La oficina de alojamiento también estaba p reocupada por mis calificaciones, pero le expliqué que podía identificarme con los retos a los que se enfrentaban los estudiantes y que, debido al revés en el que me encontraba, podría ayudar mejor a los estudiantes residentes.

A continuación, tuve que resolver el asunto de la matrícula. Decidí ir a ver a la Sra. Baskerville en la oficina del tesorero. Me la presentó un amigo de la familia que trabajaba en la oficina del rector en el campus y me aconsejó que la fuera a ver si alguna vez tenía problemas. Pero reunirme con ella requirió aún más persistencia de la que necesitaba para convertirme en R.A>

Hice cola durante unas cuatro horas con todos los demás estudiantes que intentaban matricularse para las clases.

Finalmente llegué al frente de la fila y saludé a la Sra. Baskerville, una de las administradoras responsables del registro y la ayuda financiera. Me recordó a una señora de la vieja escuela, pero todavía moderna. Llevaba gafas elegantes y tenía una tez morena clara y el pelo negro que solía recoger en un moño en la nuca.

"¿Cómo estás, cariño?" preguntó mientras me acercaba.

"Estoy bien, pero perdí mi beca y estoy tratando de matricularme". Miré hacia abajo y me moví incómodamente.

"Oh no. ¿Cómo llegaste a hacer eso? Preguntó con su ceño fruncido por el enojo. una furia en su frente.

"Estaba tratando de comprometerme..." mi voz se apagó y no me atreví a mirarla directamente.

Su mirada me dijo que no estaba segura de poder ayudar.

"Estudio y trabajo ahora, y soy un R.A. pero no es suficiente". No pude contenerme del todo, y las lágrimas comenzaron a caerme. Miré alrededor tímidamente para ver si alguien me miraba.

Respiró hondo y me miró a través de sus lentes. "Quiero ayudarle y haré lo que pueda para ganar algo de tiempo, pero con esta factura pendiente, no podrá registrarse para el semestre de primavera". No tenía más remedio que tener esperanza. Además, tenía más confianza y un manejo sólido de la gestión del tiempo debido a mi brutal verano en casa. Me enfoqué de una manera aún más brutal. Cuando vi al equipo de atletismo entrenar, instintivamente me arrepentí, pero al momento siguiente, encontré la increíble resolución de esforzarme para poder recuperar mi lugar en el equipo. Incluso intenté el proceso previo al compromiso con Alpha nuevamente, la familiaridad del proceso del año pasado me ayudó en el intento. Mi ética de trabajo se intensificó en todos los aspectos de mi vida.

Un par de meses después, pasé a ver a la Sra. Baskerville en su oficina para actualizarla sobre cómo me estaba yendo.

"Estoy tan contenta de que te esté yendo mejor en tus clases", elogió con una sonrisa.

Continué y le dije que mi entrenamiento iba bien, pero que había perdido mucho impulso desde el año pasado. Ella me animó a seguir trabajando duro. Le dije que probablemente necesitaría sacar más préstamos para el próximo semestre. Se levantó por un minuto, y cuando regresó, me entregó un papel.

En la parte superior del papel, vi mi nombre, y en la parte inferior, vi un saldo de cero dólares. Mis ojos se abrieron. Inmediatamente, salté de la silla de madera con una gran sonrisa.

"¡Gracias, gracias!" exclamé.

Ella respondió: "Acabamos de obtener una subvención para estudiantes que tienen un GPA determinado y, debido a sus clases de verano, cumple con los requisitos. Aquí hay un regalo de Navidad anticipado.

Continué agradeciéndole efusivamente y luego me giré para irme. Me tocó ligeramente el brazo y se inclinó, "No le digas a nadie, ahora", susurró. Mientras escribo este libro, estoy seguro de que se ha jubilado, así que no

creo que le importe que comparta esta historia de su tremenda generosidad.
Fue, con diferencia, lo más bonito que alguien había hecho por mí. Caminé por el vestíbulo y agité el puño como si hubiera ganado un juego de campeonato. Prácticamente salté por el patio y me dirigí a la cafetería donde me encontré con algunos amigos. Se preguntaban por qué estaba tan feliz, pero cumplí la promesa que le hice a la Sra. Baskerville y me guardé las buenas noticias. Por primera vez en mucho tiempo, me sentí más ligero. Realmente podría cambiar las cosas.

* * *

Cuando nos conocimos en persona a mi regreso al campus para el tercer año, el entrenador Moultrie me dio un ultimátum: si recibía un GPA de 3.0 en mi tercer año, me devolvería la beca para mi último año. Si no, mi beca se habría ido para siempre.
Luché por no ceder ante la presión de recuperar mi beca. Mis calificaciones debían ser mi prioridad y sentí que se lo debía al equipo. Mis compañeros dependían de mí y yo me había convertido en el eslabón débil de la cadena.
Me dirigí a la oficina del entrenador Moultrie el primer lunes del semestre de primavera. Cuanto más me acercaba a Burr Gymnasium, la ubicación de su oficina, más rápido me latía el corazón. Frotándome nerviosamente las manos en los pantalones, abrí la puerta del edificio y bajé las escaleras, por el intimidante tramo del pasillo hasta su oficina. Llamé y esperé a que respondiera.
"Adelante", dijo su voz atronadora.
Cuando abrí la puerta, me saludó desde la silla de su escritorio.

"Hola, Desmond." Como de costumbre, su sombrero de vaquero beis descansaba sobre su cabeza.

"Hola, entrenador", dije solo unos decibelios más alto que el latido del corazón que podía escuchar latiendo en mis sienes. "Vine a compartir mis buenas noticias". Hice una pausa, pero cuando no respondió, continué. "Subí mis calificaciones el semestre pasado y mi GPA ahora es más de 3.0. Esperaba poder unirme al equipo nuevamente".

El entrenador Moultrie se recostó en su silla y continuó con su intensa mirada. Juntó las manos a la altura de la cintura y respiró hondo antes de hablar. "Bueno, hijo, me alegro de que hayas subido tus calificaciones. Pero realmente decepcionaste al equipo. ¿Cómo sé que no vas a hacer eso otra vez?

"Lo sé, entrenador. Lo sé. Me enredé y perdí el rumbo. Pero no dejaré que eso vuelva a suceder. He estado trabajando duro para recuperar mis calificaciones y fui a la escuela de verano para recuperar los créditos que perdí. Y he estado entrenando solo todos los días, así que todavía estoy en buena forma". Hice una pausa y esperé ansiosamente una respuesta.

"Uh, huh", pronunció. Esperé otros tres segundos, pero el silencio era sofocante. Miré más allá de su rostro y miré por la ventana detrás de él, viendo que algunos estudiantes corrían a clase.

Seguí balbuceando mi súplica, "Sí, y, eh, realmente quiero volver al equipo, y le garantizo que trabajaré más duro que nunca. Sé que me equivoqué, pero aprendí la lección, entrenador".

"UH Huh." Otra pausa. Nada más. Un pájaro se posó en el alféizar de la ventana exterior.

"Entrenador, tengo que volver al equipo. No sé qué haría sin correr y sin el equipo. Lo significa todo para mí". Me limpié las palmas de las manos en mis pantalones deportivos de nuevo, pero no ayudó con la humedad. Mi estómago se revolvió esperando que el Entrenador considerara mi destino. El pájaro alzó vuelo, dejándome solo para enfrentar al Entrenador mientras mi destino descansaba cómodamente en sus manos. Continuó mirándome, luego se sentó y apoyó los codos en su escritorio. Se aclaró la garganta. "Desmond, eres un buen tipo. Y eres un gran trabajador. Pero tienes que mantener tus prioridades en orden. ¿Sabes cuántos tipos como tú desearían estar aquí en Howard? No arruines esto tu mismo. Me senté más recto. "Sí señor. No lo haré." Dejé que un poquito de esperanza entrara sigilosamente. Pasaron unos segundos. Pasaron más segundos. "Ok. Te veré en la práctica mañana", dijo el entrenador con las manos entrelazadas en su regazo y relajándose en su silla.

Salté sintiéndome con diez kilos de menos. "¡Gracias, entrenador! ¡No le defraudaré!" El entrenador mantuvo una mirada severa en su rostro, desafiándome a dejar caer la pelota de nuevo. Casi salgo corriendo de su oficina, pero no sentí que mis pies tocaran el suelo. Una vez que salí, salté en el aire. "¡Sí, sí, sí!"

Luego me encontré haciendo malabares con las clases, la práctica de atletismo y el proceso de promesa de Alpha. Joey, Brett y yo éramos tres de los dieciocho miembros que se embarcaron en el viaje para convertirse en miembros de Alpha Phi Alpha Fraternity, Inc., Capítulo Beta durante el invierno y la primavera de 1993. Phil siguió sin nosotros el año pasado, habiendo podido equilibrar más rápidamente la alta demanda de disciplina requerida, e hizo la línea de compromiso de 1992.

Comprometerse requiere horas y horas de tiempo después de la práctica hasta altas horas de la noche. Cada noche, nos enseñaron las facetas del sistema de fraternidad. Aprendimos sobre cada miembro de la fraternidad desde hace veinte años. Aprendimos sobre los miembros fundadores y la historia. Y, sobre todo, aprendimos más unos de otros. La cantidad de tiempo que pasamos juntos, las tareas agotadoras que tuvimos que completar juntos y la confianza que teníamos el uno en el otro nos unieron de una manera que nunca anticipamos.

Al principio del proceso, los nuevos beneficiarios comenzaron a mirarme a mí, a Joey ya Brett en busca de orientación. Después de todo, habíamos pasado por el proceso de compromiso previo como estudiantes de segundo año a pesar de que nuestras calificaciones no nos permitieron completarlo. Ahora que éramos juniors, teníamos un año de conocimiento, estudio y aprendizaje en nuestro haber. Joey, Brett y yo estábamos más unidos que nunca. Otro joven llamado Steve gravitó hacia nosotros bastante rápido y completó nuestro círculo íntimo. Steve era alto y de tez oscura. Y él era un ex corredor, por lo que su constitución delgada se sumó a la lista de razones por las que las muchachas se desmayaban a su alrededor. Recordé a Steve de la reunión de interés de la pista cuando éramos estudiantes de primer año. Aunque corrió en la escuela secundaria, finalmente decidió no postularse en Howard. Cuando nos volvieron a presentar como posibles patrocinadores de Alpha, hicimos migas fácilmente.

Steve también me presentó a Ali, su camarada y corredor criado en Nueva Jersey. Ali era un estudiante de primer año, pero llegó a Howard como un ex All-American e inmediatamente se convirtió en una fuerza en el equipo de atletismo. Ali no pudo comenzar el proceso de compromiso para Alpha porque la política del campus prohibía a los estudiantes comprometerse en su primer año. Sin embargo, fue un gran apoyo para mí durante el proceso. Al conocernos como compañeros de equipo, aprendí que lidiamos con problemas similares en el hogar, incluido un padre que luchaba contra el alcoholismo. Nos apoyamos unos en otros y tuvimos muchas conversaciones nocturnas terapéuticas y reconfortantes. Ambos estábamos en la misma situación; no había regreso a casa, y estábamos en Howard para terminar con un título como una promesa de futuro.

Ambos también luchamos financieramente como estudiantes universitarios y, a menudo, encontramos formas de complementar nuestras comidas en el café de la universidad con comida extra a escondidas. Llenábamos recipientes de Tupperware para refrigerios y comidas adicionales. Un fin de semana en particular, no nos preparamos con éxito y nos quedamos sin comida. Nunca lo olvidaré. Ali y yo caminábamos por Georgia Avenue en el frente del campus de Howard. De alguna manera, nuestra conversación se desvió y comenzamos a discutir cuán hambrientos estábamos. En ese momento, mis bolsillos estaban vacíos y los de Ali estaban casi igual con la excepción de un billete de cinco dólares.

Él dijo: "Todo lo que tengo son cinco dólares, pero podemos dividirlos".

Y eso es exactamente lo que hicimos. Fuimos a Yums Carry-Out y compramos una comida por $4.95. ¡Fueron las mejores alitas de pollo y papas fritas que he probado! También fue el día en que me di cuenta de que Ali era un verdadero amigo. Como solíamos decir, él era un "amigo incondicional". Íbamos a permanecer el uno junto al otro, incluso en nuestros momentos más bajos. Era una amistad que significaba que nos saldríamos adelante en tiempos difíciles, fortaleciendo aún más ese vínculo.

Y los tiempos eran duros. Una noche, después de horas de tareas y tiempo con los hermanos mayores, Brett, Steve, otro hermano nuestro, Donnie Hoskey, y yo caminamos tambaleándonos por el callejón oscuro hasta mi dormitorio en Cook Hall. Nos desmayamos por el agotamiento, cada uno de nosotros encontró espacio en mi pequeña cama doble para acurrucarse y dormir unas horas antes de tener que levantarnos para las clases.

A las siete en punto, mi despertador sonó y me sacó de un sueño REM profundo. «Despierten todos». Toqué a Brett. «Vamos. Despierta.» Los muchachos comenzaron a despertarse, moviéndose lentamente al principio, luego rápidamente, dándose cuenta de que teníamos que hacer un movimiento e irnos a nuestras clases.

"¡Hombre, me muero de hambre! Dez, ¿tienes comida? Sabes que no podemos ser vistos en el café", dijo Brett. Era una regla de nuestro proceso de compromiso. Tenías que mantenerte discreto y podías ser visto en el campus solo en las clases. Miró alrededor de mi pequeña habitación y luego dio unos pasos hacia la mini-heladera.

Le advertí antes de que lo abriera: «No hay nada ahí, amigo».

Brett se arriesgó de todos modos y abrió la puerta, esperando que me equivocara. Aparte del par de paquetes de kétchup y una botella medio vacía de Gatorade, estaba vacío.

Sus ojos se agrandaron, sus pupilas se dilataron y sus bocas estaban muy abiertas cuando les dije: "Pero moví parte del dinero de mi plan de comidas del café y abrí una cuenta en University Grill. Puedo llamar y ordenar algo de desayuno si uno de ustedes puede ir allí y recogerlo".

Eso se convirtió en parte de nuestra rutina durante el resto del proceso de compromiso. En las noches realmente largas y desafiantes, mis hermanos de línea se quedaban en mi habitación y todos repostábamos con el desayuno de University Grill.

Me sentí como si estuviera caminando sonámbulo en la escuela durante esas semanas. Pero nos hicimos mental, emocional, espiritual y físicamente más fuertes. Rara vez percibíamos alguna de nuestras tareas confidenciales como tan difícil, tan desafiante que no pudiéramos conquistarlas juntos. Era la mente sobre la materia la mayoría de los días, e hicimos lo impensable para superar todas las probabilidades y obstáculos. Y, sobre todo, aprendimos a dejar de bloquear nuestro propio camino.

Finalmente, llegó el momento de la marcha de la muerte, la última fase de nuestro proceso fraternal de ritos de iniciación. Era una gélida noche de febrero. Las temperaturas se mantuvieron alrededor de los veinte grados la mayor parte de la noche. Estábamos en fila, uno detrás de otro. Cada uno de nosotros recibió siete ladrillos, símbolo de las joyas fundacionales de nuestra fraternidad, conectados por una cuerda que teníamos que llevar a la espalda mientras nos agachábamos. No lo sabíamos en ese momento, pero permaneceríamos en esa posición durante la caminata por la colina del campus hasta el patio principal, que era poco más de media milla. Cada paso fue metódico y a un ritmo tedioso, marcado por uno de los hermanos mayores.

«¡Paso!» Todos nos movimos al unísono.

Después de varios minutos, escuchamos: «¡Paso!» Y todos nos movimos al unísono de nuevo.

Nuevamente, pasaron varios minutos, luego, «¡Paso!» Y de nuevo, todos nos movimos al unísono.

Yo era uno de los elegidos. Debido a que tres de nuestros hermanos de línea no podían llevar sus ladrillos por razones de salud, me encontré con un par extra para llevar. Phil, mi hermano mayor especial en el proceso de compromiso, no tuvo piedad de mí y exigió que diera cada paso con autoridad.

Dos horas después de la marcha, el hermano mayor Phil dijo: «Vamos, Dez, ya estás a más de la mitad del camino». Fue un golpe en mis entrañas, pero pronto comencé a imaginarme en una posición familiar: corriendo por mis compañeros de equipo con la mitad de la carrera por terminar, mis piernas ardiendo y mi pecho listo para explotar. Solo que ahora, eran mis hermanos de línea en lugar de mis compañeros de equipo quienes dependían de mí. Volví a ese momento en el que había estado antes, elevando mi conciencia por encima del dolor físico. Hice esto durante los entrenamientos cuando mi cuerpo me decía: *Detente*, pero mi mente gritaba con fervor, *sigue adelante*. Sabía cómo manejar la incomodidad y el dolor. Me era familiar.

Entonces, seguí adelante. S*igue adelante, Dez. Simplemente no te detengas.*

Y seguimos.

"¡Paso!" Todos nos movimos al unísono.

Aunque mi aliento era visible en el aire frío, el sudor corría por mis extremidades. Fue una de las tareas más agotadoras y vigorosas que he soportado. En algún momento durante la última hora agotadora, no recuerdo haber sentido ni oído con claridad. Era como si me hubiera elevado a otro plano y estuviera más allá del punto de la razón.

Y luego, terminamos. Completamos la tarea. Y ahora, era oficialmente un miembro orgulloso de Alpha Phi Alpha Fraternity, Inc., Capítulo Beta.

Llevamos nuestras capacidades físicas y mentales más allá de lo que creíamos que eran nuestros límites. Aprendimos que una lucha común con un objetivo común siempre puede conducir a un vínculo común, uno que tendríamos para toda la vida, más allá de esos días de gloria en la universidad de Howard.

CAPÍTULO 13

APOYÁNDONOS EN LA LÍNEA DE META

—

Ahora era un hombre Alfa. Puse todo de mí en el proceso y me sentía honrado de pertenecer a un legado de hombres negros dinámicos que lideraban sus comunidades. Convertirme en un hombre Alfa fue un viaje que me supuso un reto nunca antes imaginado Y fue un sueño hecho realidad. Entré en mi último año con una confianza renovada.

Encontrar el equilibrio no fue fácil, pero finalmente, alcancé mi ritmo con la escuela, la fraternidad Alpha y el atletismo. Mi último año pasó volando y me encontraba en el mejor momento de mi vida. Ni siquiera me desanimé cuando mi asesor me informó que no podría graduarme a tiempo. Tendría que tomar clases por quinto año. No me sorprendió porque cambié de especialidad varias veces y fracasé miserablemente durante mi segundo año. Y por extraño que parezca, en realidad me sentí aliviado. Quería la seguridad y la protección de La Meca por otro año.

Durante el otoño de mi quinto año, como estudiante avanzado de ultimo ano aumenté mi entrenamiento para campo traviesa. Esta sería mi última temporada como atleta universitario. Empecé a entrenar dos veces al día: una práctica con el equipo y otra solo. Mi kilometraje semanal rondaba los cien y era un trabajo de tiempo completo. No solo estaba concentrado, estaba obsesionado. Todavía sentía que tenía algo que demostrar y que le debía a mi entrenador, a mi equipo y a mí mismo terminar entre los diez primeros en los campeonatos de la Mid-Eastern Athletic Conference (MEAC) y obtener todos los honores de la conferencia este año escolar.

El entrenador Moultrie se dio cuenta de mi intensidad y me llamó a su oficina después de nuestra primera práctica de campo traviesa ese otoño. Volvió a sentarse detrás de ese escritorio viejo y andrajoso con las manos detrás de la cabeza, las botas de vaquero apoyadas encima y se reclinó en su silla. "¡Hijo, veo que ha hecho su tarea!" dijo con una leve sonrisa. "Estuvo a unos segundos de nuestro récord de curso de práctica, así que puedo decir que regresó esta temporada listo para el asunto".

"¡Gracias, entrenador!" Dije con una gran y tonta sonrisa.

El entrenador se dio cuenta de que había entrenado duro durante el verano y en nuestras prácticas comencé a liderar las rutinas de calentamiento, mis compañeros de equipo rápidamente siguieron mi ejemplo. Los animé, se destacó claramente mi actitud positiva y de liderazgo.

"Si estás listo, quiero que seas nuestro capitán esta temporada. No ha sido un camino fácil para ti, pero de alguna manera, todavía estás aquí y eres un hombre de palabra. Has demostrado integridad y compromiso, y quiero que lideres nuestro equipo. ¿Crees que puedes manejar eso?" preguntó el entrenador.

Asentí con la cabeza vigorosamente y parpadeé para contener las lágrimas inesperadas. Después de aclararme el nudo en la garganta, respondí: "¡Sería un honor, entrenador!

Gracias por la oportunidad. ¡No le defraudaré!" Me sentí tan orgulloso de mí mismo. No fue fácil, pero encontré la fuerza para volver al equipo y recuperar mi beca. ¿Y ahora capitán? Esta fue una validación. Sacudí la cabeza con incredulidad mientras salía de la oficina del entrenador dando botes de alegría. Unas seis semanas después, estaba claro que estaba teniendo una temporada de otoño de campo traviesa de cuento de hadas. Me las arreglé para ser derrotado por solo dos corredores durante toda la temporada, y de hecho volví para vencer a uno de ellos en un encuentro posterior. Mantuve mi entrenamiento a un alto nivel y no incorporé ninguna fase de recuperación para poder entrenar durante la mayor parte de la temporada.

Cuando faltaban dos semanas para los campeonatos MEAC, estaba listo para aligerar mi riguroso entrenamiento. Eso permitiría que mi cuerpo sanara y se refrescara. La mayoría de los entrenadores se refieren a esto como la fase de pico o disminución de la temporada, que brinda a los corredores un impulso mental y físico en el momento más importante: el tiempo del campeonato.

Un día, durante la práctica, despegué de la línea de partida para correr el circuito de "dip" en la práctica: la ruta tenía una gran colina y un dip en la mitad del recorrido. Comencé el circuito de 3,5 millas con una tos leve que empeoró a medida que avanzaba la carrera. El entrenador Moultrie también se dio cuenta que estaba tosiendo profusamente. Una vez que regresé del bucle rápido, dijo bruscamente: "Desmond, eso es todo por hoy. Necesitas descansar y calmar esa tos".

Obedecí y me apresuré a conseguir una comida en el café, no fui a la clase de la tarde y me fui temprano para dormir una o dos horas más. Supuse que necesitaba un poco de descanso.

A la mañana siguiente, mi tos empeoró y ahora estaba acompañada de opresión y congestión en el pecho. Traté de seguir adelante en las clases y luego probé una carrera fácil más tarde ese día en la práctica, pero se volvió insoportable. La tos, la flema, el dolor de cabeza y los dolores en el pecho persistieron. Tomé un medicamento para la tos en el camino de regreso a mi dormitorio e inmediatamente tomé una taza. Una vez que me duché, me acurruqué y me arropé con varias sábanas y frazadas para pasar la noche. Me desperté en las primeras horas de la noche con el sudor corriendo por mis mejillas y la frente ardiendo. Mientras me quitaba las mantas, comencé a tener escalofríos. No pude hacer mucho más, así que me puse la sudadera, me abrigué y caminé tambaleándome unas cuantas cuadras hasta la sala de emergencias del Howard University Hospital.

Sentado allí a las tres de la mañana, estaba aturdido a pesar de que todos los pacientes a mi alrededor estaban siendo atendidos. Después de una hora, finalmente pude ver a una enfermera, quien me tomó los signos vitales y confirmó mi fiebre. Luego esperé otras dos horas para ver a un médico. Después de que el médico me hiciera una serie de controles y pruebas, me diagnosticó bronquitis.

"Bueno, si toma los antibióticos, descansa y se cuida, debería volver en un par de semanas con todas sus fuerzas", dijo el médico.

"Oh, no, pero tengo mis campeonatos en menos de dos semanas. En realidad, son en una semana y cuatro días, para ser exactos", respondí.

Él respondió: "No le recomiendo que de manera alguna haga ninguna carrera durante las próximas dos o tres semanas. El estrés de correr en sus pulmones, más el aire frío, sería una receta para el desastre. Desafortunadamente, creo que su temporada ha terminado".

«¿Qué quiere decir con que se acabó?» Dije mientras mis ojos comenzaban a inundarse de lágrimas. "Simplemente Ud. no entiende. Mi equipo me necesita, y esto es algo que debo hacer. ¡Soy el capitán y no puedo decepcionarlos! ¡Simplemente no puedo!"

Vio la mirada en mis ojos y me advirtió con una mayor severidad en su voz: "Sería peligroso que Ud. siguiera corriendo en estas condiciones".

Me escribió una receta de antibióticos y me dio una palmadita comprensiva en la espalda. Sabía que su consejo médico era un gran golpe.

Me deslicé de la mesa y caminé por el pasillo hasta el ascensor. Salí del hospital sintiéndome más molesto por el diagnóstico y su declaración de que mi temporada había terminado que por los síntomas y las molestias que sentía.

¿Cómo podría estar pasando esto de nuevo? ¡No puede terminar de esta manera!

Mi último año en Horace Mann terminó cojeando a través de la línea de meta en la competencia estatal debido a una fractura por estrés en mi pie al final de la temporada. *Y ahora, pensé, ¿Ni siquiera tendré la oportunidad de competir en mi última carrera de campeonato como corredor universitario?* Sentí como si hubiera defraudado a mi equipo de la escuela secundaria porque no podía competir con toda mi fuerza en nuestros campeonatos; ahora, parecía que no podía escapar del mismo destino en la universidad.

Después de mi recoger mi receta y dormir un poco más esa mañana, llamé al entrenador Moultrie para informarle que necesitaba un tiempo libre. Sin embargo, no fui completamente honesto. Simplemente dije: "Creo que tengo un resfriado fuerte".

Con preocupación en su voz, respondió: "Descansa, Desmond. Y ponte bien antes de los campeonatos".

Después de unos días de antibióticos y descanso, me sentía mejor y mi tos disminuyó. Todavía estaba débil, pero con la esperanza de una recuperación completa. Al final de la semana, estaba de vuelta en la práctica, pero no estaba corriendo. Estuve allí para dar apoyo moral y animar a mis compañeros. Muchos de ellos estaban preocupados por mí, pero me mantuve tranquilo. "Es solo un mal resfriado", les aseguré. "Volveré más fuerte que nunca para los campeonatos". Pero cada vez que tosía envuelto en mi bufando y mi abrigo, sus miradas de preocupación volvían.

El lunes antes de la carrera, me uní al equipo para una carrera fácil de tres millas solo para recuperar mis piernas y poner a prueba mi salud. La carrera fue regular. Mi tos era mínima y soportable. A medida que el equipo trotaba más millas, me abstuve de hacer demasiado. Sabía que en cinco días tenía que cubrir más kilómetros a un ritmo mucho más rápido. Mi entrenamiento sugería que podía cumplir con el tiempo deseado, pero esta carrera fácil sugirió lo contrario.

Mientras estaba sentado en mi escritorio más tarde esa noche tratando de estar al día con mi trabajo académico, tuve un ataque de tos que sacudió mi confianza. Mi plan era descansar otro día y luego hacer una carrera fácil el miércoles para estar listo para la vista previa del curso el viernes. A mitad de la temporada, estaba más esperanzado en que podría ubicarme entre los tres primeros en los campeonatos de la conferencia. Ahora el plan era hacer lo que fuera necesario para los diez primeros y los honores All-MEAC.

Quería darle a mi equipo la mejor oportunidad de conseguir la mejor puntuación posible.

El miércoles anterior a la competencia, no hubo cambios importantes en mi condición durante una carrera de cinco millas, así que creía que podía reunir la energía y el esfuerzo para soportar las molestias por el bien del equipo. Elegí no correr el curso el viernes después de llegar al lugar de encuentro, el día antes de la carrera. Caminé una parte para familiarizarme con las suaves colinas y las complejidades del recorrido.

Finalmente era el día de la carrera y me encontré repitiendo estrofas del poema que más me inspiró, Invictus de William Earnest Henley. Mi diálogo interno continuó. *Puedo hacer esto. Mis miles y miles de millas valdrán la pena. El equipo me necesita.*

A medida que calentaba, las dificultades empezaron a ser visibles. El entrenador Moultrie se dio cuenta y me apartó a un lado.

"Desmond, ¿estás seguro de que estás bien para correr?" cuestionó. Lo miré, pero antes de que pudiera responder, supo por la mirada en mis ojos que no había vuelta atrás para mí. Puso su mano en mi hombro y dijo: "Eres uno de los duros. Ya no los hacen como antes". Me dio una fuerte palmada en la espalda y dijo: "¡Vamos, hijo!".

A pesar de mi calentamiento conservador, corrí de regreso a mis compañeros de equipo con un paso vivo. Me registré con mis compañeros de equipo y les di un toque final mientras todos nos dirigíamos a la línea de salida.

"Vamos chicos. ¡Ha llegado el momento! Nos hemos entrenado para esto —dije mientras palmeaba en la espalda a un par de muchachos a mi lado. No me sentía muy bien, pero sabía que necesitaba marcar la pauta para mi equipo. "¡Nadie nos supera por ahí! ¡Ahora vámonos! ¡Bisonte a la de tres!" Mi corazón latía en mi pecho por la adrenalina. Este es el momento para el que me había preparado: una oportunidad de redimirme de mi último año de secundaria. "¡Corredores, listo!" ¡Estallido! fue el pistoletazo de salida. Salimos en estampida de la línea de salida. Encontré intencionalmente un ritmo inicial relajado y cómodo, moviendo los brazos en una cadencia sincronizada con mis zancadas. Quería asegurarme de estar en posición de atacar en la segunda mitad de la carrera. Después de la primera milla, me complació encontrarme en la parte trasera del pelotón líder en alrededor del décimo lugar. La milla dos comenzó a pasar factura. Cada pocos pasos iban acompañados de una o dos toses. En la milla tres, estaba orando para que Dios me sacara de mi miseria. El pecho se sentía como si me estuvieran aplastando con un mazo por cada respiración. Me ardía la garganta. Me obligué a recitar mentalmente los versos de *Invictus* que coincidían con mi inquebrantable deseo de ganar y seguí adelante.

 Luchando físicamente y con el corazón roto con dos millas por recorrer, me aferraba la vida. Me encontré de nuevo en territorio familiar. Se parecía al ataque de asma que sufrí en mi primer año de secundaria. Luché, pero de alguna manera, terminé. Sobreviví a eso. Sobreviví a la marcha de la muerte. Sobreviví a los peligros de Gary. Yo era un sobreviviente. Incluso cuando no estaba seguro de cómo, me obligué a perseverar.

 Subí al quinto lugar y corría junto a mi compañero de equipo Damion Rowe, pero no me quedé allí mucho tiempo. Empecé a desvanecerme.

"¡Vamos, Desmond!" El entrenador Moultrie no dejaba de gritarme desde la línea de banda que aguantara. Sabía que estaba en agonía, y no me veía con todas mis fuerzas.

En la última milla, seguí perdiendo el ritmo y mi cadencia se hizo más lenta. Con cada paso, tosía. Me esforzaba por respirar. No importaba cuánto aire intentara reunir, mis vías respiratorias solo permitían partículas de oxígeno. Me desvanecí al duodécimo, luego al decimotercero, luego al decimocuarto, luego al decimoquinto lugar. Con menos de media milla por recorrer, comencé a tambalearme y alcanzar desesperadamente la línea de meta. Fueron los 600 metros más largos de mi vida. Ahora en el decimosexto lugar y con 400 metros para el final, presioné a toda máquina. Mi visión se volvió borrosa, mis piernas se sentían como dos barras de acero, mi cabeza se sentía como si tuvieran cañones disparando, uno tras otro.

Con cada paso, me tambaleaba de lado a lado, siguiendo las voces de aliento hasta la línea de meta, sin poder ver con claridad. Minutos más tarde, me desperté en la parte trasera de una ambulancia con un goteo intravenoso (IV) y una máscara de oxígeno. Estaba exhausto y angustiado. Escuché al entrenador Moultrie dando órdenes.

"Adelante, llévalo al hospital más cercano. Me reuniré con él allí." De alguna manera gané la compostura suficiente para negar el transporte.

"No, no hay hospital. ¿Qué lugar? ¿Qué lugar?» Estaba desconcertado, pero necesitaba saber cómo terminé. ¿Pude aguantar lo suficiente para el equipo?

"Desmond, ¿has estado enfermo?" preguntó uno de los médicos.

Sin pensar con claridad, no me di cuenta de lo que estaba diciendo hasta que fue demasiado tarde.

Murmuré con toda mi energía, "Bronquitis. Tengo bronquitis."
Los ojos del entrenador se abrieron cuando se dio cuenta exactamente de lo que estaba tratando. Se quedó mirando con ansiedad mientras el equipo médico reemplazaba la bolsa vacía de líquidos y rápidamente administraba una segunda bolsa. Me acosté sin fuerzas sobre la mesa debajo de la carpa médica, mi cabeza daba vueltas y una presión increíble en mi pecho. Después de que los médicos vaciaron dos bolsas de fluidos intravenosos, mi condición mejoró.

Otro médico me dijo que además de la posibilidad de que mi bronquitis empeorara, también estaba deshidratado, lo que añadía más estrés a mi cuerpo.

"Desmond, por favor, toma tus antibióticos, bebe muchos líquidos y, sobre todo, descansa un poco. En serio, puede hacer que su bronquitis sea mucho más grave". En ese momento, estaba a merced de los médicos y totalmente dispuesto a cumplir.

Finalmente gané suficiente fuerza para sentarme y gatear fuera de la mesa. Me estabilicé sobre mis pies y caminé de regreso al autobús con el entrenador Moultrie. No hace falta decir que fue una caminata muy incómoda. Estaba molesto porque no había sido transparente sobre mi condición, pero al mismo tiempo, entendió por qué decidí no hacerlo. Estaba más preocupado por defraudar al equipo. Me consoló cuando reveló que nos habríamos desempeñado mucho peor si no hubiera corrido.

En el camino a casa, noté que mi tos había cambiado y ahora tenía un registo repugnante. Al regresar a DC, caminé otra vez a la sala de emergencias y me encontré con el mismo médico que me dio el diagnóstico inicial. Ya sintiéndome como una mierda, le conté la última semana y media y admití que había ignorado su consejo médico. No estaba contento. Después de realizar una serie de pruebas, volvió con la noticia.

"Desafortunadamente, su bronquitis se ha convertido en neumonía y tendrá que quedarse hospitalizado al menos durante la noche".

Esta vez estaba dispuesto a complacer, dispuesto a hacer cualquier cosa para deshacerme de la tos, la flema, la fiebre y los escalofríos.

Semanas más tarde me acosté en mi cama reflexionando sobre la carrera. Aunque estaba molesto por mi pésimo final en el decimonoveno lugar, me consoló saber que estaba con mis hermanos, mis compañeros de equipo. Había ido a la guerra con ellos, en circunstancias desesperadas. Muchos de mis compañeros de equipo me dijeron lo loco que estaba por haber corrido en esa condición, pero no podía vivir con el arrepentimiento de no intentar correr en absoluto.

CAPÍTULO 14

DEL COMPROMISO AL PROPÓSITO

—

Mi quinto año en la licenciatura dio lugar a mi evolución como líder. Mientras terminaba los cursos para la especialización en fisiología del ejercicio y la especialización en ciencias afines, la carrera en la que finalmente llegué y que finalmente me daba la opción de estudiar medicina, seguí los pasos de Charles Graham y fui elegido presidente de Alpha Phi Alpha Fraternity, Inc., Capítulo Beta. A su vez, planeé programas que impactaron a los jóvenes que ingresaban como estudiantes de primer año. Dirigí proyectos de servicio, comencé un programa de tutoría y tutoría para niños de escuela primaria y administré un dormitorio como asistente residente.

Me uní a mis hermanos de la fraternidad de una manera que nos conectó para toda la vida, una parte importante de ese viaje fue el tiempo que pasamos en los entrenamientos.

Brett era nuestro maestro de step, quien coreografiaba los pasos, exigía lo mejor de nosotros y nos mantenía motivados cuando practicábamos hasta altas horas de la noche después de un largo día de clases. Como equipo de step, diseñamos y practicamos nuestras rutinas cada noche durante semanas, luego actuamos en todo el país en espectáculos donde generalmente ganamos y obtuvimos premios en metálico para donar a causas apoyadas por nuestra fraternidad.

Una noche a principios de septiembre, mi hermano mayor, Connie Williams, me llamó con una idea que no podía dejar pasar.

"Dez, necesito hermanos para apoyar esta causa. He pasado algún tiempo en Sudáfrica y me ha cambiado la vida".

Podía escuchar la pasión y la sinceridad en la voz de Connie.

"Quiero comenzar algo donde los hermanos vayan a Soweto y enseñen step", continuó. "Hay personas allí que enseñarán el baile tradicional de botas de goma a los hermanos. De lo que estoy hablando es de un intercambio cultural. ¡Estoy llamando al programa 'Step Afrika!'"

Mientras Connie hablaba, me emocioné más y más. "Oye, hermano, eso suena increíble. ¿Cuándo iríamos? ¿Cuánto nos costaría? ¿Que necesitas que haga?" Yo pregunté.

"Bueno, tenemos que resolver las finanzas, pero no será barato. Tenemos que ir durante las vacaciones de invierno cuando los hermanos no están en la escuela", comenzó Connie. "Sería trabajo, hombre. Todos los días, los hermanos tendrían que estar listos para enseñar a los niños step y aprender los bailes sudafricanos a cambio", explicó Connie.

En nuestra próxima reunión del capítulo de la fraternidad, presenté la idea a los otros hermanos e inmediatamente acordaron apoyar el proyecto en Sudáfrica. Pasamos los siguientes tres meses recaudando fondos: compitiendo en espectáculos de steps para ganar premios en metálico, organizando eventos sociales en el campus y pidiendo donaciones a nuestras familias y amigos. Cada uno de nosotros tuvo que recaudar $1,500. Como estudiantes universitarios, la meta parecía casi inalcanzable, pero estábamos completamente decididos a hacerla realidad.

A principios de diciembre, habíamos alcanzado nuestra meta. Diez de nosotros estábamos listos para hacer el viaje a través del Atlántico, junto con Connie y dos de los amigos de Connie de Howard que trabajaban para una de las organizaciones que apoyaba nuestra recaudación de fondos. La misión de la organización era ayudar a alimentar a los niños necesitados en Johannesburgo.

"Dez, no sé cómo lo hicieron, pero esto es increíble", me dijo Connie mientras caminábamos por el Aeropuerto Nacional de Washington de camino a la terminal de nuestro primer vuelo al Aeropuerto John F. Kennedy en Nueva York. York antes de cambiar de avión para nuestro vuelo directo de dieciséis horas a Johannesburgo, Sudáfrica. *No puedo creer que estoy a punto de volar a África. ¡África!* Me parecía surrealista. Todavía me sentía como un niño normal de Gary. *¿Y ahora estoy a punto de ser internacional? Esto es de locos.*

Los últimos meses, me apresuré de la mejor manera que sabía, con un enfoque intenso que se acercaba a la obsesión. Por un lado, sentí como si hubiera cruzado la línea de meta con las manos en alto, pero, por otro lado, estaba en la línea de salida a punto de comenzar la carrera más importante de mi vida.

Más de dieciocho horas después, aterrizamos en nuestra tierra. Estaba exhausto, pero demasiado emocionado para sucumbir al cansancio. Estaba agradecido de sentir este tipo de anticipación, especialmente después de los días y semanas difíciles desde que los campeonatos de campo traviesa no cumplieron con mis expectativas. No presentarme a mis compañeros de equipo de la manera que esperaba me estaba afectando mental y emocionalmente de manera profunda. Y ahora, lo que había sido fundamental para mi identidad durante gran parte de mi vida era cosa del pasado. Mi carrera como corredor había terminado. *¿Qué hago sin correr? ¿Quién soy yo sin un equipo con el que correr?* Con la cabeza dando vueltas, fue refrescante tener un cambio de escenario.

Subimos a una camioneta y nos dirigimos a nuestros hogares anfitriones en Yeoville, una zona residencial artística y creativa de Johannesburgo. Tenía áreas comerciales, rascacielos altos y carreteras que parecían una metrópolis bulliciosa. No esperaba ver mucha modernización. Como tantos otros estadounidenses, tenía conceptos erróneos y estereotipos sobre África. Pensé que todos estarían caminando en tela kente. Me imaginé pastizales y caminos de tierra. En cuestión de minutos, toda mi percepción de mi tierra ancestral se vio interrumpida.

Conocimos a nuestras familias anfitrionas y nos instalamos. Brett y Kevin Thompson, que también estaban en un plan especial de cinco años, y yo nos quedamos juntos en una pintoresca casa estilo bungalow con una familia anfitriona afiliada a Soweto Dance Company. La familia fue increíblemente cálida y complaciente, nos abrazó cuando entramos en su casa e inmediatamente nos preguntó si teníamos hambre o simplemente necesitábamos descansar.

Al día siguiente, nos reunimos con nuestros otros hermanos de la fraternidad y volvimos a subir a la camioneta para comenzar nuestra caminata hacia Soweto. Pasaríamos la mayor parte de nuestros días en este viaje en uno de los centros comunitarios, intercambiando y representando nuestras culturas a través de la danza y el diálogo.

A medida que nos acercábamos al pueblo de Soweto, nuestro entorno comenzó a cambiar drásticamente. Aparecieron hileras e hileras de chabolas, pequeñas estructuras hechas con láminas de estaño clavadas entre sí. Las casas hicieron que mi antiguo apartamento de 500 pies cuadrados en el complejo de apartamentos de Westbrook pareciera una mansión. No había agua corriente y la electricidad era limitada. Los municipios de Soweto son el complejo urbano más grande de Sudáfrica. Surgió de los barrios marginales que surgieron con la llegada de trabajadores negros de las zonas rurales, en particular entre las dos guerras mundiales. (Historia, 2020) Las calles principales eran caminos de terracería. El apartheid había terminado hace un año, pero sus restos todavía resonaban en los barrios del municipio.

Aunque supuestamente el apartheid fue diseñado para permitir que diferentes razas se desarrollaran por su cuenta, el sistema colocó a los sudafricanos blancos en el poder para hacerse ricos y obligó a los sudafricanos negros a vivir en la pobreza y la desolación. (Historia, 2020)

Al observar las calles de Soweto, caí en la cuenta. Vi niños que se parecían a mí y que nunca tuvieron la oportunidad de correr, competir y competir como yo lo hice. Estaba dejando que mi decepción por mi carrera final persistiera, dejándome levemente deprimido. Estaba viendo mis momentos finales en el campo a través como una representación de quién era yo, cuando, de hecho, había ganado mucho con mi carrera. Había formado nuevas amistades, había ganado otro mentor en mi entrenador y me había desarrollado como líder y modelo a seguir. Me sentí abrumado y avergonzado al darme cuenta de que existían en el mundo muchos problemas más importantes que mi ego magullado.

Llegamos al centro comunitario, una gran estructura abierta con salas interiores y exteriores. Se había construido el año anterior y parecía fuera de lugar entre las chabolas y los caminos de tierra. La gente se arremolinaba alrededor del centro comunitario, las calles llenas de gente caminando, conversando o realizando tareas cerca de sus diminutas casas. Cuando salí de la camioneta a la cálida luz del sol, no me importó estar rodeado de una pobreza tan extrema. Cuando mis pies tocaron el suelo y examiné los rostros de las personas, estaba en *casa*. Me sentí en *casa*. Sentí pertenencia, calidez, energía, luz y amor. Me sorprendió el espíritu vivo de comunidad. No conocía a ninguna de las personas fuera de mis hermanos de la fraternidad en la camioneta, pero me sentí seguro, reconocido y conectado.

Mientras examinaba mi entorno, respiré profundamente. Fue uno de los momentos más abrumadores de mi vida. Nos reunimos dentro del nuevo pero modesto centro comunitario y conocimos a los artistas y bailarines que formaban parte de la Soweto Dance Company. Jackie era el coordinador. Era un tipo delgado y relajado con una sonrisa fácil que parecía tener veintitantos años. Juntos, nuestros dos grupos, la compañía de danza y nuestra fraternidad, organizarían un programa de intercambio cultural de dos semanas para los niños de Soweto, enseñando durante la semana y aventurándose más allá del municipio y de Johannesburgo durante el fin de semana.

Los niños llegaron en menos de una hora y nos preparamos para comenzar nuestra primera sesión. Ese primer día había unos sesenta niños, con edades que oscilaban entre los seis y los diecisiete años. Eran enérgicos, amigables, ansiosos, acogedores y curiosos. Pero, sobre todo, cariñosos. Podías sentir lo agradecidos que estaban por estar con nosotros, por aprender algo estadounidense de personas que se parecían a ellos. Su humildad era magnética.

Mientras estaba de pie frente al gran grupo, sentí un cosquilleo en el estómago y la adrenalina hizo que mi corazón latiera con fuerza. Me había puesto delante de miles de personas antes, pero esto era diferente. Me sentí honrado de estar frente a estos niños y, por alguna razón, deseaba desesperadamente su aprobación. Quería la validación de mi parentesco.

"¡Holaaaa! Soy Dez, y estos son mis hermanos", comencé con voz elevada. "¡Somos Alfa Phi Alfa! Repítanmelo. Digan: '¡Alfa Phi Alfa!'"

Lo dijeron al unísono. "¡Alfa Phi Alfa!" Sus sonrisas y ojos brillantes me alentaron mientras continuaba.

"Puedes ser más fuerte que eso. ¡Di 'Alpha Phi Alpha!'" Grité con más volumen que la primera vez.

«¡Alfa Phi Alfa! Lo dijeron todos al unísono.

«¡Sí! Suena así. Estamos aquí para enseñarles algo llamado paso a paso. ¡Necesitarán su voz, así de simple! Primero, le mostraremos cómo ese. ¿Quién quiere vernos a mí y a mis hermanos bailarles un step?

El grupo nos vitoreó. «¡Yo!» varios gritaron, saltando arriba y abajo. «¡Sí!» algunos gritaron. «¡Yo, yo, yo!»

El resto de mis hermanos de la fraternidad se unieron a mí frente a la multitud y, en cuestión de segundos, los teníamos cautivados. Nuestros pisotones, aplausos y cánticos al unísono eran familiares, pero hermosamente únicos para ellos. Una vez que terminamos nuestra rutina, la multitud de niños y adolescentes estalló en aplausos. Los teníamos enganchados, ansiosos por aprender a sentir los movimientos percusivos y rítmicos.

Las siguientes horas pasaron volando. Intercambiamos pasos y movimientos de baile, seguro. Pero también intercambiamos aprecio y afirmación como personas de la diáspora con diferentes experiencias, pero luchas comunes.

Nuestros espíritus reconocieron esa comunidad, y la conexión era palpable.

Durante nuestro descanso para almorzar, paseé por las calles cercanas con mis hermanos de la fraternidad, tratando de asimilarlo. Éramos embajadores de nuestra fraternidad, de la Universidad de Howard y de los Estados Unidos. Estábamos en un programa de intercambio cultural de dieciséis días en Sudáfrica, solo un año después de que terminara el apartheid. Nelson Mandela era el presidente. Había visto fragmentos de los acontecimientos recientes de Sudáfrica en las noticias, y ahora aquí estaba, justo en el medio del país. Caminamos, hablamos y saludamos a personas que sonreían y saludaban. Empecé a reflexionar sobre las similitudes de la experiencia negra en Sudáfrica y América. Si entrecerraba los ojos un poco, casi me sentiría como si estuviera en casa. La misma calidez y conexión con la gente. Y los mismos recordatorios de pobreza y marginación.

Había áreas de los Estados Unidos que todavía estaban luchando por cuatrocientos años de esclavitud y las políticas racistas sistemáticas de ese período, pero ver esta devastación en otro continente fue abrumador. La mayoría de las personas que vimos tenían muy poco. Algunos de los niños estaban desnutridos, tenían problemas psicológicos y no encajaban aquello. Vi toda una comunidad de personas que se quedaron solas, viviendo en condiciones infrahumanas y con pocos recursos. Se me partía el corazón al verlo claramente frente a mí.

Después de nuestra primera semana, dejamos la ciudad y nos aventuramos a la zona rural fuera de los municipios de Soweto. Esta vez, nos quedamos con familias cuyas casas tenían grietas en los techos de hojalata, lo que a menudo permitía que el agua y la basura cayeran sobre los pisos de tierra y roca. Cuando pedí usar el baño, me dirigieron a unos 200 pies de distancia a los baños comunes. Mi estómago no pudo soportar las condiciones de los baños y mi almuerzo encontró un nuevo hogar al costado del camino. *¿Puede el mundo ser tan cruel? ¿Puede la gente ser tan cruel? ¿Dónde está la humanidad?* Había tanta gratitud y culpa royendo mi alma. La gratitud y la culpa tirando de mí, sabiendo que podría haber nacido en cualquier parte del mundo, de cualquier padre, en cualquier situación dada. Me volví más agradecido por los sacrificios que mi madre siempre había hecho por mí y por mi hermana, e inesperadamente, cambié un poco de la ira que albergaba hacia mi padre por el aprecio de su amor imperfecto hacia mí. De alguna manera, mis problemas ya no eran tan importantes.

Sabía que necesitaba correr de nuevo. Estaba resentido, deprimido y amargado porque mi carrera como corredor universitario terminó de la manera en que lo hizo. Y no había corrido durante meses después. Correr siempre fue mi santuario, mi salida. Pero había permitido que se construyera un muro y me escondí detrás de él, revolcándome en mi miseria. Después de estar en Sudáfrica, aprendiendo y conviviendo con la gente de la manera en la que yo lo estaba haciendo, ese muro comenzó a desmoronarse y nuevamente anhelaba la sensación de estar dentro de mí mismo. Me até los tenis una mañana temprano antes de regresar a Soweto y me aventuré a salir a los vecindarios para correr tranquilamente. Era la primera vez que corría solo por la pura bondad de correr: no había competencia para prepararme, ni kilometraje para calcular. Simplemente estar libremente conmigo mismo.

Unos días antes de nuestra partida, mis hermanos de la fraternidad y yo participamos en un festival comunitario, una fiesta de un día que se extendía por millas. Hubo un desfile, canto y baile. Los artistas demostraron su talento en el gran escenario. Se cocinaba comida deliciosa a cada paso. Todos de muy buen humor. Bailamos y bailamos y caminamos y festejamos. Era una celebración de la libertad. La belleza y la riqueza de este momento desmentían la opresión y la marginación que se les había impuesto a los sudafricanos negros.

Ese día se cumplió un año desde que terminó el apartheid y Mandela fue liberado y elegido presidente. Mandela fue arrestado injustamente en 1962 y recibió cadena perpetua dos años después. Pasó veintisiete años en prisión como resultado de la lucha por la libertad, la igualdad, la verdad, la paz y el amor para toda la humanidad. La ironía y la injusticia del apartheid fue que los negros eran la mayoría en el país, pero fueron dominados política, social y económicamente por la población blanca minoritaria de la nación desde 1948 hasta 1994. (Historia, 2020) Mis hermanos de fraternidad y yo escuchamos historias de algunos de los sudafricanos que conocimos durante nuestra visita, detallando cómo fueron tratados y cómo se le negó el derecho al voto. Aprendimos que cualquiera que se opusiera al apartheid durante ese tiempo corría el riesgo de ser torturado, castigado o sometido a un juicio injusto.

En el transcurso de casi dos semanas, mi aprecio por el lugar de donde vengo, por lo que habían pasado mis antepasados, creció exponencialmente. No volvería a los Estados Unidos siendo el mismo hombre.

En nuestra última mañana con nuestra familia anfitriona principal en Johannesburgo, nos prepararon un desayuno de despedida. Debido a que había visto de cerca los sacrificios y las dificultades, sabía que alojarnos durante casi dos semanas no era fácil desde el punto de vista financiero. Me sentí honrado por los gestos de la familia para asegurarse de que estuviéramos cómodos y que nuestro alojamiento fuera agradable. Entonces, cuando me pusieron un plato lleno de huevos, supe que no podía rechazarlo. Hacerlo habría sido una falta de respeto total a la familia. No podía decirles que los huevos físicamente me enferman. Sabía que era costumbre mostrar tu aprecio comiendo la comida preparada para ti, así que empecé a entrar en pánico.

Me incliné hacia Brett y Kevin, susurrando: "No puedo comer estos huevos; Soy alérgico.» Brett rápidamente tomó un tercio de ellos de mi plato y también lo hizo Kevin, pero tuve que tragarlo para inhalar el resto. Cada cucharada me daba más náuseas, pero limpiaba mi plato.

Oculté mi incomodidad de nuestra familia anfitriona, sonriendo y agradeciéndoles por un desayuno tan maravilloso. No había forma de que pudiera ser transparente sobre cómo me sentía, sabiendo que se habían sacrificado para abrirnos su hogar y asegurarse de que tuviéramos una experiencia tan maravillosa que cambiaría la vida.

En nuestra última noche, nos dirigimos hacia el centro de Yeoville para vivir de cerca la cultura de la ciudad. Nos acercamos a un club nocturno y vimos que la fila daba vuelta la cuadra. Pero nuestro anfitrión de la Compañía de Danza de Soweto nos hizo señas y nos escoltó a través de la corta fila destinada a todos los invitados VIP. Nos amontonamos en el sótano de un agujero elegante y pintoresco en la pared. El club era cálido, como mínimo, y lleno de humo y gente vibrante. Nos sentamos allí a beber, hablar y reír mientras escuchábamos a varios artistas de jazz.

Más tarde en la noche, notamos una pequeña conmoción cuando un trompetista entró al escenario. La multitud comenzó a zumbar y luego rugió. Se quedó quieto y esperó el momento adecuado, el momento en que la multitud se detuvo a la espera. ¿Quién es este chico? Quienquiera que sea, lo aman aquí. Yo pensé. Se llevó la trompeta a los labios, cerró los ojos y nos llevó de viaje. Nos cautivó su primera nota.

Sus patrones rítmicos sincopados silenciaron a la multitud. Luego cantó apasionadamente: "¡Apartheid!". La melodía de su trompeta, junto con su habilidad para contar la historia de los trabajadores del carbón enojados, me llevó a un lugar que me hizo sentir como si estuviera en el tren con ellos esa noche. Estuve con los hombres separados por la fuerza de sus seres queridos y obligados a trabajar en las minas. Estos hombres llevados lejos de sus familias trabajaron dieciséis horas o más al día casi sin pago. La voz del trompetista resonó entre la multitud mientras cantaba sobre la profundidad del dolor y las profundidades literales de las minas de carbón donde los sudafricanos negros trabajaban en condiciones traicioneras. En la boca del estómago, podía sentir la agonía en el vientre de la tierra mientras tocaba.

Esta actuación musical puso de relieve los siglos de explotación a los que se enfrentan los sudafricanos negros. Para obtener poder económico y político, los sudafricanos blancos destruyeron familias y devastaron comunidades. Sabía lo que se sentía ser producto de estos males; sus letras tocaron mi alma y agitaron mi espíritu en angustia.

Salí de la discoteca con escalofríos en el cuerpo y lágrimas en los ojos, conmovido y transformado. Atribuyo esos sentimientos al famoso trompetista de jazz Hugh Masekela y su canción característica, "Stimela". Sus palabras y notas atravesaron generaciones de dolor para confortar y consolar a una nación de personas reunidas en ese pequeño club nocturno. Esa noche, reconocí la profundidad de la historia y la conexión compartida por mis patrias actuales e históricas.

Esa noche, reconocí, no sentí, de dónde vengo y quién era realmente.

PARTE III

ENTRENANDO A OTR@S

"El águila no escapa a la tormenta; Simplemente usa la tormenta para levantarla más alto.
De hecho, se eleva con los mismos vientos que traen la tormenta".

—LOIS EVANS

CAPÍTULO 15

COMUNIDAD Y LLAMADO

Después de esa experiencia que cambió la vida con Step Afrika! en Sudáfrica, estaba decidido a esforzarme en mis estudios académicos en mi último semestre en Howard. Necesitaba hacerlo bien en mis cursos para lograr mis metas posteriores a la graduación.

Meses antes de graduarme, sabía que tenía una gran tarea por delante: una abultada lista de cursos de dieciocho horas de crédito, lo que equivale a seis clases, y mi sueño de la escuela de medicina. Estaba fascinado por la capacidad del cuerpo humano para aceptar y adaptarse a los desafíos, según los sistemas sometidos a estrés. Corriendo en la universidad, aprendí a crear y manipular entrenamientos para alcanzar mi desempeño óptimo en todo, desde los 800 metros hasta los 10,000 metros. Si bien el entrenador Moultrie fue un modelo a seguir excepcional, líder y partidario, las carreras de distancia no eran su especialidad. A menudo me dejaban solo cuando entrenaba. Tener que asumir un papel tan importante en el desarrollo de mis entrenamientos personalizados se convirtió en una habilidad invaluable y una experiencia importante en mi carrera como entrenador.

A pesar de mi desempeño mediocre en nuestros Campeonatos MEAC, el entrenador Moultrie me nombró el corredor más valioso del equipo e incluso nombró el evento de relevo de 4x800 metros en mi honor en la reunión anual de atletismo Howard Relays.

Sentado en la oficina del Entrenador esa primavera, charlando sobre mis planes posteriores a la graduación, dijo algo que me quedó grabado: "Desmond, eres un chico especial. Muchos muchachos no habrían terminado lo que comenzaron y definitivamente no habrían hecho lo que tú hiciste con tu enfermedad en los campeonatos. Tienes el verdadero espíritu olímpico y ética de trabajo. Fue un placer tenerte en el programa, hijo".

Salí de su oficina abrumado. Nunca fui el más talentoso en ninguno de mis equipos, pero siempre fui reconocido por trabajar duro y ser muy fácil de entrenar. Valoraba a los entrenadores con espíritu competitivo pero que también sabían dónde trazar la línea. No arruinaron la experiencia positiva o la oportunidad que los deportes podían brindar a las personas que trabajaron duro, se mantuvieron comprometidas y actuaron como jugadores de equipo. Como el último entrenador que me entrenaría como corredor, el entrenador Moultrie auguró en quién me convertiría gracias al atletismo.

Con un nuevo impulso en mi paso, puse mi mirada en terminar la licenciatura y averiguar qué programa de posgrado me ayudaría más para hacer el MCAT e ir a la facultad de medicina.

En un hermoso día de mayo, mi graduación llegó y se fue como un borrón. Además del famoso regreso a casa de Howard en el otoño, la graduación fue el momento más emocionante en el campus. Se podía sentir el júbilo de los familiares y amigos reunidos para celebrar. Mis calificaciones habían sido sólidas durante los últimos tres semestres, lo suficientemente sólidas como para impulsar mi GPA acumulativo por encima del umbral para graduarme con honores.

Mi mamá, mi tía y mi hermana vitorearon cuando me llamaron por mi nombre, lo que me incitó instantáneamente a que esbozara una sonrisa refulgente mientras las saludaba con la mano entre la multitud. Celebramos todo el fin de semana y disfruté sabiendo que enorgullecía a mi familia, especialmente a mi mamá. Ella había sacrificado tanto. Mi padre la había decepcionado y desilusionado constantemente, y finalmente tuvo su propia felicidad. Me sentí honrado de que uno de mis logros la hiciera verse feliz

Mi papá también estaba allí, posando para fotos conmigo con mi toga y birrete azul real. Sabía que estaba orgulloso, y recuerdo que me dijo esas palabras. Sin embargo, en ese momento, me había convencido de que no importaba. Me gradué sin su apoyo. Cinco años de universidad y nunca me dio consejos significativos, palabras reales de aliento o ayuda financiera. Estaba tan en confundido con nuestra relación. Me había convertido en un hombre a pesar de él, sin haber tenido conversaciones auténticas y profundas y sin haber llegado a conocerlo realmente o mucho sobre su vida.

* * *

"Preparé la agenda y también imprimí las hojas de registro", dijo Jami Harris mientras me entregaba un sobre de manila.

"Oh, vaya. Está bien, gracias —dije con una ligera sorpresa. Jami una vez más tomó la iniciativa de organizar nuestro equipo. Aunque la había conocido recientemente, ya se había convertido en una voluntaria dedicada.

"Bueno, escribamos el horario para que la gente pueda decidir qué turnos de tutoría quieren tomar", continué. "También hay copias del horario en la carpeta", dijo Jami con una sonrisa. Ella ya estaba anticipando la logística y la organización que necesitaba. Estaba en mi segundo año de la escuela de posgrado en Howard con mucho de lo que ocuparme, haciendo malabarismos con los cursos para cumplir con los requisitos previos de mi escuela de medicina, ejecutando un programa de tutoría y consejería que comencé llamado "Cada uno enseña a uno", y trabajando como asistente de posgrado en uno de los dormitorios. Necesitaba toda la ayuda que pudiera conseguir. Elegí continuar mis estudios de posgrado en ciencias de la nutrición, que complementaron mi experiencia en fisiología del ejercicio. Tenía una carga pesada, pero finalmente sentí que estaba alcanzando mi ritmo.

En mi primer año como asistente residente durante mi tercer año, comencé a dar clases particulares en la escuela primaria Gage Eckington, a solo una cuadra del campus de Howard. Algunos de mis residentes y yo dimos tutoría a los estudiantes algunos días a la semana y disfrutamos conocer a los niños y a la directora, la Sra. Brown. La escuela me hizo sentir que estaba haciendo algo más que ofrecer mi tiempo como voluntario. Yo era parte de una comunidad, una comunidad para niños que eran como yo. La energía contagiosa de los niños me inspiró a ser alguien a quien admiraran. Tenía una comunidad cuando me crié en Gary. Por imperfecto que fuera, era mi pueblo. Y ahora, Howard y DC se estaban convirtiendo en mi nuevo pueblo. Necesitaba esa conexión para prosperar y sabía que los niños también la necesitaban.

Al año siguiente, los fondos de la escuela se redujeron significativamente y el director Brown no tenía el dinero para contratar profesores de idiomas y música. Por supuesto, tampoco tenía fondos adicionales para contratar tutores.

Entonces, comencé Each One Teach One (Cada uno enseña al siguiente) y comencé una relación formal entre los estudiantes de la Universidad de Howard y su escuela.

Cada One Teach One ganó impulso en el campus, y yo había reclutado un grupo fuerte de voluntarios para el otoño de mi segundo año de posgrado. Nuestras reuniones crecían y algunos de los voluntarios se ofrecieron para ser líderes, incluida Jami. Mostró la misma dedicación y pasión que yo por marcar una diferencia en la comunidad.

Eventualmente, comencé a operar Each One Teach One dentro de la Asociación de Estudiantes de la Universidad de Howard (HUSA) después de convertirme en el director de servicio comunitario de la organización. Con la ayuda de otros estudiantes universitarios en mi dormitorio, en mi fraternidad y en el equipo de atletismo, organicé casas embrujadas, fiestas navideñas y excursiones a los partidos de fútbol y baloncesto de Howard.

La comunidad de Howard fomentó mi florecimiento como líder y acepté la responsabilidad que exigía el trabajo. Quería ser el tipo de modelo a seguir para los demás que Charles Graham había sido para mí. ¡Incluso traté de lucir el papel, paseando por el campus con un maletín!

"Entonces, esta noche, debemos asegurarnos de que todos sepan cuán serio es este compromiso. Tenemos que enfatizar que, aunque son voluntarios, todos deben ser confiables y llegar a tiempo a sus sesiones programadas con los niños. El director Brown depende de nosotros", insté a Jami y a los otros voluntarios principales que organizaban el programa conmigo durante nuestra reunión de equipo.

Jami intervino con una pregunta: "Desmond, ¿tenemos un sistema para cubrir las clases si alguien se enferma? ¿Tal vez deberíamos usar un sistema de amigos y un horario para los suplentes? De esa manera nunca tendremos que depender de una sola persona".

"Eso tiene sentido", respondí.

"Está bien, genial. Puse dos espacios para cada turno en las hojas de registro por si acaso", dijo Jami, sonriendo nuevamente.

"Siempre pensando en el futuro. Me encanta —dije, correspondiendo la sonrisa. No lo dije entonces, pero también estaba pensando: *Hombre, ella es inteligente, hermosa y también se preocupa mucho por los niños. Hacemos un buen equipo.*

Más de cincuenta voluntarios se presentaron a nuestra primera reunión del año escolar a principios de septiembre. En dos semanas, casi cien estudiantes se inscribieron para ser tutores y mentores. Jami se convirtió en la directora de operaciones del programa y comenzamos a pasar más tiempo juntos. En nuestra relación simbiótica, seguí soñando con grandes ideas para ayudar a los niños de Gage-Eckington, y ella analizó todos los detalles prácticos.

Jami originalmente se ofreció como voluntaria para enseñar español a niños en Gage, lo que provocó el comienzo de conversaciones reales entre nosotros. Era menuda, de pelo largo y oscuro y complexión atlética. A las pocas semanas de trabajar juntos, comencé a esperar su brillante sonrisa y su risa fácil, y su confiabilidad y organización ayudaron a impulsar a Each One Teach One hacia adelante. Comenzamos a hablar todos los días, reuniéndonos al mediodía en la oficina de HUSA para verificar los próximos eventos en Gage o para planificar la próxima reunión de voluntarios.

Ella y su grupo de amigos eran divertidos y con los pies en la tierra, y sin duda hizo mi vida más fácil tenerla cerca para ayudar con la planificación y organización de todos nuestros proyectos de servicio comunitario.

Ese noviembre, estábamos pasando el rato en la oficina de HUSA y Jami preguntó: "¿Vienes al juego esta noche?".

"¿El juego de baloncesto? No, probablemente no tengo tiempo. Además, es temprano en la temporada, así que esperaré hasta que los juegos se vuelvan un poco más emocionantes", dije con una sonrisa.

"Deberías venir al juego para verme animar", dijo con una sonrisa y una leve inclinación de cabeza.

"Espera, ¿pensé que jugabas fútbol?" Yo pregunté.

"Así es. Nuestra temporada es en otoño, por lo que acabamos de jugar nuestro último partido hace un par de semanas. En el invierno animo al baloncesto masculino. Es divertido. Deberías pensar en venir", dijo mientras se levantaba de su asiento. "Nos vemos. ¡Tengo que correr a clase!"

"Más tarde —dije mientras mis ojos la seguían fuera de la pequeña oficina. *¿Qué tiene esta chica?* Ella todavía estaba en la licenciatura, por lo que había una diferencia de edad de cinco años entre nosotros, pero nos entendíamos bien y era fácil hablar con ella. Ella era atleta y entendió mi pasión por competir. Disfrutábamos intercambiando historias deportivas, y ella estaba interesada en la NFL y la NBA tanto como yo. Ella también era una estudiante seria. Ella era una ávida lectora y, aunque yo no lo era, me gustó lo emocionada que se puso cuando me contó sobre un libro que le gustaba. Tal vez fue porque ella también era del Medio Oeste, pero hubo una tranquilidad en nuestra conversación y una luz en su energía que me atrajo. Negué con la cabeza y me volví a concentrar en las notas de mi última reunión con el director Brown. Teníamos que planear una gran fiesta navideña para los niños, y necesitaba llamar a algunos lugares más para obtener juguetes y libros donados.

Decidí ir a ese partido de baloncesto y a algunos otros ese invierno. Jami y yo nos hicimos buenos amigos y continuamos aumentando el volumen de los programas de servicio comunitario dentro de Each One Teach One. Reclutamos voluntarios para ayudar en un refugio de alimentos local y organizamos campañas de recolección de alimentos y ropa. Organizamos limpiezas y revitalizaciones en escuelas y centros comunitarios. Dirigimos las excursiones de Big Brothers Big Sisters a museos locales y puntos de referencia de la ciudad. Se sentía como si realmente estuviéramos provocando un cambio positivo cuando escuchábamos la alegría a nuestro alrededor, como si fuéramos parte de algo más grande que nosotros.

A principios de la primavera, nuevamente tuve un fuerte sentimiento de propósito y pasión cuando comencé a ofrecerme como entrenador voluntario de atletismo en la Escuela Católica St. Gabriel, a solo un par de millas de Howard. Cuando dejé mi primera práctica en St. Gabriel›s, estaba enganchado. Fue tan natural. Al final de la segunda práctica, sabía el nombre de cada niño y habíamos ideado nuestro propio canto. Al salir de la práctica ese día, recuerdo haber pensado, *Hombre, ¡me encanta esto! Entrenar es muy divertido y el tiempo vuela cuando estoy en la práctica.*

En cuestión de semanas, todos los niños estaban convencidos. Llegaron a la práctica listos para hacer ejercicio. Hice todo lo posible para que fuera divertido, relacionarme con cada niño, conocer sus intereses y alentarlos durante la práctica. Pero, sobre todo, quería emular la impresión duradera que me dejaron mis dos entrenadores dinámicos en lo que respecta al poder de las relaciones, la cultura del equipo y el liderazgo. En ese momento, mi relación con Jami se había convertido en una profunda amistad. Para las vacaciones de primavera, me convertí en el hombro sobre el que lloraba cuando las cosas estaban mal con su novio. Estaba lista para dejarlo y, según lo que me dijo, tampoco me gustó cómo la trataba. Un día nos sentamos afuera del Burr Gymnasium mientras Jami lloraba por algo que supo sobre él. Sabía que tenía que enfrentar lo inevitable, pero aun así siguió aguantando por alguna razón.

"¡No puedo creerlo! ¡Estoy tan molesto! ¿Cómo podría? ella continuó desahogándose y llorando mientras yo me sentaba y escuchaba. Durante mis días de estudiante universitario, era uno de esos tipos que no valoraba las relaciones de la forma en que debería haberlo hecho y probablemente provoqué lágrimas similares en algunas de mis exnovias. Tuve mi parte de diversión en las citas, pero también cometí algunos errores de los que no estaba orgulloso.

"No sé qué hacer. ¡Pensé que podía confiar en él!" Usó el dorso de su mano para secarse las lágrimas frescas que se deslizaban por sus mejillas. Quería ayudar, pero sabía que no podía darle ningún consejo. Tenía que tomar esta decisión por su cuenta.

Cuando tomó aire, le dije: "Vamos. Tengo algunos lugares por los que necesito pasar en el campus. Camina conmigo. Te distraerá de las cosas."

Ella tomó un profundo suspiro. "Ok. Supongo que sí." Se puso de pie y le di un abrazo.

"Va a ir bien", dije tan tranquilizadoramente como pude. Se merecía algo mejor, pero mantuve la paz al respecto. Valoraba nuestra amistad y no quería molestarla más diciéndole lo que ya sabía en el fondo. Nos tomamos nuestro tiempo, paseando y hablando, y en cuestión de minutos, estaba sonriendo ante uno de mis chistes cursis. Se sentía natural cuando estábamos juntos. Entonces decidí dar un salto de fe.

"¿Tienes hambre?" Le pregunté después de terminar mi último recado.

Jami respondió: "Sí, un poco, supongo".

"Vamos a Ben's Chili Bowl. La comida es genial. Y el lugar es histórico. Allí han comido todo tipo de celebridades y políticos. Sin embargo, es un lugar realmente relajante".

Ella me dio una pequeña sonrisa y respondió: "Está bien. Claro, iré." Un ligero cambio brilló en sus ojos. Me di cuenta de que todavía quería mi compañía. Y ese fue nuestro punto de inflexión. Era nuestra primera cita no oficial.

Cuando terminé mis clases de posgrado a mediados de mayo, comencé a prepararme para comenzar un programa de posgrado de un año de duración en la Universidad de Indiana-Universidad de Purdue en Indianápolis (IUPUI) antes de asistir a la facultad de medicina. Acepté la idea de un año sabático para tomar más clases relacionadas con la salud y participar en experiencias que mejorarían mis posibilidades de ser admitido en la escuela de medicina.

Pasé el verano anterior en el campus de IUPUI haciendo investigación biomédica con Edward T. Mannix gracias al consejo de mi pediatra y mentor, el Dr. Steve Simpson. Mientras estaba en el campus, me presentaron a los miembros del equipo de admisiones médicas. Quedaron impresionados con mi trabajo y finalmente logré los puntajes de admisión necesarios en mi tercer intento en el examen de admisión a la facultad de medicina (MCAT) después de tomar un curso de Princeton Review.

Princeton Review me introdujo a un mundo diferente, que me mostró lo que significaba el acceso. Tuve problemas en los primeros dos intentos en el MCAT, como lo hice con mi SAT de la escuela secundaria, pero cuando mi tía Beverly, la hermana menor de mi madre, sugirió el curso y se ofreció como voluntaria para pagar la tarifa de $1200, se abrió una nueva puerta. Estaba decidido a atravesar esa puerta para convertirme en médico. La generosidad de mi tía fue un intento de nivelar el campo de juego para mí. Hasta el día de hoy, me siento abrumado porque mi tía reconoció mi potencial y se aseguró de que tuviera acceso.

Mi preparación fue meticulosa, las estrategias tenían sentido y mi resistencia llegó a un nivel de maratón. Estudiar requería una intensidad que recordaba mis primeros días como corredor. Doblé mis horas de estudio. Llevaba tarjetas didácticas y material de lectura conmigo a todas partes y los revisaba en cualquier momento libre. Era como si el MCAT fuera mi competencia de campeonato, y desarrollé un programa de entrenamiento para alcanzar mi punto máximo en el momento adecuado. *Vamos, Dez, tienes esto. No entres en pánico, mantente relajado, toma tres respiraciones profundas.* Pasé de fiestas y eventos sociales. Pero me tomaba el tiempo para salir a correr casi todos los días, lo que siempre me hacía sentir con más energía y menos estresado.

Ciertamente necesitaría esa resistencia durante mi intento final en el MCAT. Mientras todos nos sentábamos en una habitación sobrecalentada en el campus de Howard, los retrasos extendieron la prueba de ocho horas a diez horas y media. No me preocupé. *El dolor es temporal. El orgullo es para siempre. Si te rindes, nunca te lo perdonarás, y ese dolor vivirá para siempre.* El diálogo interno positivo que aprendí como corredor valió la pena.

El fin de semana de agosto de la orientación posterior a la licenciatura en IUPUI, Jami me acompañó al Aeropuerto Internacional de Baltimore-Washington. En ese momento, Jami y yo éramos más que amigos. Finalmente ella había cortado los lazos con el chico por el que estaba llorando en mi hombro a principios de la primavera. Ella (y yo) nunca miramos atrás. Pasamos la mayoría de los días juntos ese verano, disfrutando de las vistas de la ciudad. Tendríamos largas charlas de todo. Construimos una fuerte amistad durante el año pasado, como voluntarios y trabajando juntos con los niños de Gage. Con cada proyecto de servicio comunitario, fortalecimos nuestro vínculo y llegamos a depender el uno del otro. Compartimos una pasión por servir a la juventud, y ese interés mutuo se convirtió en una atracción mutua. En este punto, estábamos terminando las oraciones del otro. Nuestra conexión era innegable.

"Solicité una solicitud de transferencia ayer", dijo en el viaje. "IUPUI tiene todas las clases que necesito, así que no creo que tenga que cambiar de especialidad".

Ya habíamos hablado como podríamos continuar nuestra relación una vez que comenzara el programa de posgrado en el otoño. La quería cerca cuando entré en la siguiente fase, pero sabía que sería un gran sacrificio para ella. También sabía que necesitaba concentrarme en mi objetivo de convertirme en médico. Estaba haciendo todo lo correcto para llegar allí. Pero no pude deshacerme de la inquietud en mi estómago en el viaje en auto. *¿Estoy tomando la decisión correcta al regresar a Indiana? ¿Por qué no estoy emocionado? Estoy un paso más cerca de mi sueño, ¿verdad?*

Cuando estábamos a punto de tomar la salida al aeropuerto de la Interestatal 95, sentí que mi Isuzu Rodeo beis se sacudía y luego chisporroteaba.

«¿Qué demonios?» pregunté en voz alta. Miré a Jami en el asiento del pasajero. Ella volvió a mirarme, preocupada. «¡Guau!» dijo mientras el camión se sacudía de nuevo y comenzaba a desacelerar. En menos de un minuto, el camión se detuvo por completo. Lo detuve junto a la acera antes de que se apagara. *Esto tiene que ser una señal.* Por alguna razón, no estaba destinado a ir a esa orientación posterior a la licenciatura. Mi camión se detuvo y confirmó lo que ya sabía. yo no quería ir. Nunca llegué al aeropuerto. Mirando hacia atrás, sé con seguridad que Dios detuvo mis planes. No sabía qué pasaría después, pero sabía que no estaba del todo listo para separarme de Jami, de DC o de ser entrenador.

CAPÍTULO 16

ENTRENADOR NOVATO

"Muchacho, solo quiero que seas feliz y que seas el mejor en lo que sea que decidas hacer", dijo mi mamá con cariño a través del teléfono. Era el invierno de 1997 y llevaba cuatro meses enseñando educación física en la Escuela Secundaria Archbishop Carroll en Washington, DC, a unas dos millas de la Universidad de Howard. Esperaba con ansias cada día con mis estudiantes de noveno y décimo grado.

Enseñar en mi año sabático, después de posponer mi programa de posgrado por un año, me permitió combinar mis pasiones por los niños, la ciencia y el servicio. La ciencia me desafió intelectualmente, por lo que sumergirme en ella todos los días con mis alumnos me dio alegría. Además, pude entrenar al equipo del país en Carroll. Cuando hice esa llamada solemne a mi madre, me encontraba en una encrucijada.

"Mamá, ya no me siento entusiasmado con la escuela de medicina. Realmente amo lo que estoy haciendo. No estoy ganando dinero, pero estoy muy feliz enseñando y entrenando", expliqué, mi voz cambiando ligeramente a un tono más jovial. Sabía que no lo necesitaba, pero cuando ella dio su aprobación, el alivio fue instantáneo.

Fue en ese momento que también supe que quería un futuro con Jami. Pasábamos casi todos los días juntos y comenzamos a planificar nuestra vida juntos. Se acercaba nuestra primera Navidad, y aunque no estaríamos juntos en persona, ese día, nunca había sido tan meticuloso a la hora de elegir los regalos para alguien. Quería que supiera lo especial que se había vuelto para mí.

Después de las vacaciones, no hubo vuelta atrás. Jami vino a Gary y le mostré mi antigua escuela secundaria y los lugares que le conté en mis historias de Gary. Condujimos por los diferentes senderos para correr, recreando las carreras con las que el Jefe desafió a mi equipo. La llevé a probar las comidas que anhelaba en mis lugares favoritos de la infancia. Necesitaba que Jamo viera quien era yo realmente y de dónde venía. El hombre que conoció en Howard estaba muy lejos del chico que yo era en Gary. Independientemente de la contaminación, Gary seguía siendo mi bocanada de aire fresco y yo era muy protector con mi ciudad natal. Ella necesitaba ver mis raíces. Y necesitaba ver si ella podía conectarse con mi familia y mi comunidad original.

Durante esa visita, Jami parecía cómoda con mi familia: mamá Hattie, tía Shirley, Shnicks y definitivamente mi madre. Mostró un interés genuino en todos ellos, haciendo preguntas sobre mi infancia y escuchando con entusiasmo mientras relataban historias de mi pasado. Jami sonrió y se rió con facilidad a su alrededor. Incluso cuando confesó tímidamente que no era una gran cocinera, sonrió y agregó: "¡Pero soy una de las mejores lavaplatos que jamás haya conocido!" Se partieron de risa y le dieron crédito por su franqueza y su humor. *Bueno, siempre podemos ordenar comida para llevar*, pensé. Jami encajaba perfectamente con mi familia y apreciaba la forma en que Gary me formó.

Una vez más, mi mamá dio su aprobación, y aunque no me preocupaba que Jami la conquistara, fue reconfortante que mi mamá también viera cómo Jami podría ser mi futura esposa.

En un año, supe que la enseñanza y el entrenamiento serían parte de la trayectoria de mi vida. Quería tener un mayor impacto inmediato, y cuando compartí mi próximo gran sueño con Jami, ella estaba dispuesta. Empezó a hacer lo que mejor sabía hacer: pensar en todos los detalles para convertir los sueños en realidad.

* * *

Después de un año de enseñar y entrenar a campo traviesa en Carroll, que era una escuela católica privada, decidí enseñar en una escuela primaria pública cercana. Estaba emocionado de enseñar a estudiantes que tenían antecedentes similares a los míos. También quería ampliar mi alcance como entrenador y tenía una idea en ciernes para que eso sucediera.

Pero ahora quería expandir mi alcance y entrenar campo traviesa en el otoño. Me encantaba el cross country como corredor, y mi objetivo era influir en los corredores jóvenes para que también se enamoraran de él. Mi idea era tomar un grupo central de corredores de distancia dedicados en St. Gabriel's y crear un equipo de corredores olímpicos juveniles, corriendo a campo traviesa en el otoño y en atletismo en la primavera. En St. Gabriel's, nuestra mascota eran los Redwings, así que, naturalmente, quería mantener esa identidad.

"Entonces, ¿cuál es nuestro calendario?" preguntó Jami.

"Bueno, creo que si puedo recaudar $16.000 en los próximos dos meses, podremos llevar al equipo a los campeonatos regionales a fines de octubre. Y para entonces, tendremos una buena idea de cuántos niños están en el nivel en el que podrían competir en las nacionales, y podemos estimar cuánto necesitamos asignar a esos gastos". Ya había buscado las tarifas de inscripción para los encuentros regionales y nacionales, calculando el presupuesto en mi cabeza. "¿Y dónde entrenará el equipo? Algunos lugares probablemente requerirán permisos y pagos. ¿De dónde sacaremos el dinero? ¿Y qué pasa con el seguro en caso de que uno de los niños se lastime? Jami continuó con su andanada de preguntas. Sonreí. A ella le encantaba pensar en cada detalle, mientras que a mí me encantaba saborear el panorama general y el sueño del pastel en el cielo. Éramos como el yin y el yang cuando estábamos concentrados en un proyecto juntos. Nuestras fortalezas eran diferentes, sin embargo, nos daba fuerza lo que cada uno podía aportar al otro. Y nos respetábamos por eso.

"Todavía no he llegado a todo eso, pero estaba pensando que podríamos llamar al equipo 'DC Redwings' y puede ser un equipo durante todo el año. Pero cualquier niño puede unirse, no solo los niños que van a St. Gabriel. DC no tiene equipos juveniles para carreras de distancia. Aquí solo hay un equipo de atletismo juvenil y no tienen interés en unir fuerzas con nosotros", le dije a Jami mientras continuaba forjando mi sueño y mi visión.

Dos días antes, había pasado por la pista de la escuela secundaria local donde el único equipo juvenil de pista en DC realizaba sus prácticas. El entrenador en jefe era un caballero mayor de cabello canoso que había estado entrenando durante décadas. Me presenté y propuse mi idea de fusionar algunos de mis corredores con su equipo.

"Oiga, entrenador, me encantaría encontrar una manera de que trabajemos juntos. Soy entrenador de St. Gabriel's

Redwings, y tenemos algunos corredores realmente dedicados a quienes les encantaría correr en la pista después de que termine su temporada escolar. También busco ser entrenador durante todo el año, especialmente para ser entrenador de corredores de fondo".

Me miró brevemente y luego dijo desaliñado: "No, gracias, hijo. ¿Por qué querría fusionarme contigo? Me gusta dirigir mi equipo como lo he estado haciendo. Así que... buena suerte. Dio media vuelta y caminó hacia el interior del campo.

Me alejé, sintiéndome abatido e insultado. Había estado bajo la apariencia de entrenadores mayores y más sabios como el Jefe y Moultrie, y pensé que todavía necesitaba eso. Sorprendentemente, una vez que superé mis sentimientos heridos, el rechazo encendió mi espíritu competitivo. *Supongo que estoy solo para esto. Yo le mostraré.*

No sabía cómo iba a recaudar el dinero para comprar uniformes y pagar nuestras cuotas de inscripción para encuentros locales, regionales y nacionales, pero sabía que encontraría la manera. Estaba ganando centavos como maestro, por lo que tampoco podría pagar todo por mí mismo. Sin embargo, la mayoría de mis compañeros de clase de la Universidad de Howard se graduaron, ganaban salarios competitivos y tenían buenas conexiones. Me senté en la mesa de la cocina y anoté el nombre y el número de teléfono de todas las personas que conocía de la universidad. Mi primera estrategia sería pedirles a ellos y a todos sus conocidos que donen.

Era el otoño de 1998, y el Programa Juvenil DC Redwings había plantado sus raíces. "Comienza con la pista y termina con el éxito", dijo la mejor amiga de Jami, Allyceia, cuando estábamos haciendo una lluvia de ideas en esos primeros días. Ella acuñó nuestro lema, que rápidamente se convirtió en nuestro mantra.

Entrené al equipo inaugural DC Redwings cuatro días a la semana, dos horas cada práctica. La mayoría de nuestras prácticas fueron en uno de varios parques locales, y me aseguré de ser el primero en cada práctica en saludar a cada niño cuando llegaba. Me dio tiempo para conversar con ellos, ver cómo les iba el día y bromear.

Niños como Dominique Lockhart y Michael Johnson me dieron energía. Dominique era un niño de ocho años tranquilo pero muy observador. Era delgado y su paso era poderoso. Michael era bajo para su edad, pero su paso era largo. Incluso a los nueve años, su botín lo hizo magnético. Eran niños amables y cariñosos, y ni siquiera sabían lo buenos que realmente podían ser. Confiaron en mí y siempre dieron lo mejor de sí. Nunca cuestionaron un entrenamiento, y cuando veía dudas en sus ojos, les contaba una buena historia de mis días en Gary, que los niños comenzaron a llamar "los cuentos de Gary".

"Cuando no hay más agua en la casa, ¡tienes que salir a buscarla! ¡Tienes que ir al pozo! Vamos chicos, ustedes pueden hacerlo. ¡Vamos al pozo!" Mis corredores deben haber pensado que solo era un niño grande. Se rieron de mis historias, disfrutando de mis metáforas y mis días de carrera de Gary y Howard. Mi exhortación de "ir al pozo" fue una opción. A menudo lo seguía con un recuerdo de uno de mis entrenamientos más duros cuando era corredor. Estas historias me ayudaron a relacionarme con los niños porque estaba compartiendo partes de mi vida que se parecían a las de ellos. No me importó revelar mi vulnerabilidad: mi recorrido, mis errores y mis días difíciles como corredor, como estudiante, como persona que intenta navegar por la vida.

"¡Vamos, James!"
"¡Tú puedes hacer esto, Donald!"

"¡Ashley, quiero que lideres esta!"
Mi aliento fue constante. Los corredores, de edades comprendidas entre los seis y los catorce años, respondían en el entrenamiento, esforzándose física y mentalmente. Al hacerlo a edades tan tempranas, se dirigían hacia un horizonte prometedor.

Esperé con ansias cada momento que entrené. Lluvia, aguanieve o nieve, nada me impidió llegar a la práctica. Estaba acostumbrado a practicar incluso en los días difíciles; apliqué la misma mentalidad al entrenamiento.

Para diciembre, nuestro pequeño equipo tenía doce clasificatorios nacionales. No solo recaudamos suficiente dinero para pagar todas las tarifas de la competencia, sino que también recaudamos suficiente dinero para que el equipo tuviera uniformes, trajes de calentamiento rojos y negros, gorros y guantes para correr en invierno, zapatos de entrenamiento de calidad, botines para carreras y viajes. Bolsas de viaje. ¡Parecíamos un verdadero equipo! Nos dirigíamos a Knoxville, Tennessee, para el Campeonato Nacional Junior Olímpico de Cross Country de 1998. Tenía mi charla de ánimo lista, pero estaba nervioso.

Empecé acurrucando al equipo y mirando hacia abajo en el grupo. "Oigan, muchachos, salgamos aquí y divirtámonos un poco. ¡Solo den lo mejor de sí mismos! Corran con sus mochilas tanto como puedas. Manténganse relajados, ¿de acuerdo? ¡Sigan a buen ritmo y luchen hasta el final! ¡Ahora vean! ¿Quiénes somos?"

"¡Alas rojas!" todos respondieron al unísono.

"¡Ahora vámonos!" Grité.

Las chicas gallo, de diez años o menos, se alinearon primero. Dominique Lockhart y Ashley Seymour fueron mis dos corredores más fuertes en esta división. Eran increíblemente fáciles de entrenar, poseían una aptitud para seguir las instrucciones de los entrenadores y usar sus instintos para saber cuándo esforzarse mental y físicamente. Ambos eran bastante calladas, pero se reían con facilidad de mis chistes y pretendían ser las mejores.

Mientras se alineaban para su carrera de 3.000, se me hizo un nudo en el estómago. *Esto es una locura,* pensé. *Pensarías que yo era el que hacía cola para correr.* Estaba más nervioso esperando que comenzara su carrera de lo que nunca había estado como corredor. Este fue el escenario más grande en el que jamás había entrenado.

Lo que sucedió a continuación fue borroso. Más de doscientos corredores siguieron la línea. El arma se disparó y Ashley, Dominique, Lindsay Benjamin y las otras jóvenes corredoras corrieron adelante, finalmente formando pequeños grupos que en conjunto parecían un arroyo serpenteando a través del parque, alrededor de curvas y colinas. Grupo de edad tras grupo de edad corrieron de esta manera, y después de unas horas, mi pequeño equipo estaba esperando que se anunciaran los premios. A pesar de nuestros mejores esfuerzos, no nos fuimos con ningún trofeo o premio del equipo, y me di cuenta de que mis chicas y chicos pequeños estaban destrozados. Todos tenían una mirada aturdida, como, *¿Eso acaba de suceder?* No los culpo; yo tenía el mismo aspecto.

Tuvimos algunos buenos resultados durante las competencias clasificatorias en las semanas anteriores, pero ese día en Knoxville aprendimos rápidamente que competir contra equipos de California, Nueva York e Illinois, por nombrar algunos, era un juego completamente diferente.

Ashley, Dominique y Lindsay tuvieron finales respetables por primera vez en un escenario tan grande. Michael

Johnson, mi mejor corredor en la división de niños menores de diez años, terminó noveno entre más de trescientos corredores. Sabía que tenía talento y que había trabajado muy duro, pero ambos estábamos sorprendidos de lo bien que lo hizo. Nunca había corrido a nivel nacional, pero respondió positivamente a la competencia.

Me acurruqué con el equipo antes de abordar el autobús para hacer el largo viaje de regreso a DC.

"Oigan, muchachos, escuchen, no bajen la cabeza, ¿me oyen? Estoy muy orgulloso de que hayan llegado a esta reunión. Para la mayoría de ustedes, esta es la primera vez que corren a campo traviesa. Todavía estás aprendiendo. Son más fuertes y rápidos, y han trabajado más duro que nunca. Y lo más importante, se divirtieron y se retaron a sí mismos.

¡Estamos orgullosos de nosotros mismos por el trabajo que realizamos o, como ahora, el trabajo que planeamos realizar! Y recuerden, ¡somos Redwings! ¡Siempre descubrimos cómo podemos mejorar!"

Y eso es lo que hicimos durante los siguientes tres años. Invité a niños de todos los niveles a unirse al equipo. Creé un cuerpo técnico y los entrené. Me obsesioné con la creación de un programa de carrera que pudiera llevar a los niños con poca o ninguna experiencia en carreras y prepararlos para competir en niveles altos. Estaba totalmente involucrado. Y finalmente, nos hicimos más grandes y mejoramos.

* * *

"Oh, Dios mío, no puedo prepararme para la práctica si mi teléfono sigue sonando", le dije a Jami con exasperación. Ella me escuchó pacientemente despotricar. «Deberían saber que no cancelo», continué mientras sacudía la cabeza. Llueva o truene, nuestras contrarrelojes. por equipos seguían en marcha. Pero tampoco lo conseguimos. Tenemos seis pulgadas de nieve. Mi respuesta a cada padre que llamó fue la misma. "Sí, veo la nieve... Todos deben vestirse en capas para que puedan quitarse la ropa mientras se calientan... No olviden una gorra y guantes y la camiseta del color del equipo... Mmm-hmm, mmm-hmmm... Estarán bien... ¡Nos vemos pronto!»

Cuando llegué al parque, me sentía como un niño en una tienda de golosinas. Este es el clima de Indiana. Los árboles cubiertos de nieve y el campo reluciente me inundaron de recuerdos. Esta fue nuestra reunión improvisada críticamente importante, y semanas antes de este día, mi entrenador asistente Tim McMahon y yo elaboramos una estrategia meticulosa para la configuración de cada uno de los equipos mixtos. Este contrarreloj nos daría un barómetro de dónde estaban nuestros chicos para la próxima competencia importante. Simularía un ambiente de competición y nos ayudaría a determinar cómo modificar el plan de entrenamiento para garantizar un rendimiento óptimo en el momento adecuado.

"Hagamos que corran dos vueltas alrededor de Fort Circle Park, luego que regresen con una carrera de una vuelta", sugirió Tim. Fort Circle era un parque pequeño con un circuito de 1200 metros que se encontraba en el cuadrante noroeste de DC. Las carreras de 2400 y 1200 metros fueron la preparación perfecta para las nacionales de 2002, que se llevarían a cabo en Carrollton, Georgia.

«Sí, me encanta esa idea», respondí. "Podemos hacer tres equipos y hacer que usen camisetas del mismo color que representan a su equipo. Incluso pueden inventar los nombres de sus propios equipos".

Parecíamos dos niños pequeños armando nuestras listas navideñas para Santa. Planeamos con entusiasmo mientras maniobramos los nombres y jugamos la carrera para asegurarnos de que los equipos estuvieran parejos, lo que mejoraría la competencia.

Tim comenzó como un padre involucrado y servicial en St. Gabriel›s, pero se convirtió en uno de mis entrenadores asistentes voluntarios. Era de estatura promedio y, aunque ya no tenía la constitución esbelta de sus años de formación, había corrido a campo traviesa mientras crecía y ahora su hijo, Quentin, era uno de los DC Redwings. Por lo general, Tim era tranquilo, pero se encendía cuando debatíamos las estrategias de campo traviesa y le encantaba estar en el campo tanto como a mí. Debido a su rápido ingenio y profundo conocimiento del deporte, realmente aprecié entrenar con él.

Cuando finalizamos la lista de equipos, chocamos los cinco. Luego, Tim hizo un gesto hacia la caja que había dejado sobre el césped despejado. «Entonces, los premios llegaron a tiempo, ¿eh?»

«Apenas. Llegó anteayer. El equipo en primer lugar obtiene trofeos, y los otros equipos obtienen medallas de plata y bronce".

Lo teníamos todo planeado, excepto las cuatro pulgadas de nieve que recibimos la noche antes de la reunión entre escuadrones y las dos pulgadas adicionales que recibimos un par de horas antes de nuestra práctica.

Pero no perdí ni un detalle. Estaba acostumbrado a este clima. Me entrené en ello y en todo tipo de inclemencias. Siempre les decía a mis corredores: «¡Este es el clima de Indiana!» y «¡Este es el clima del campeonato!» Quería infundirles lo que aprendí en Gary. Quería que fueran mentalmente fuertes y que no permitieran que ningún obstáculo se interpusiera en su camino. Era mi oportunidad de enseñarles lecciones de vida, las mismas que aprendí corriendo, las que desarrollaron mi fortaleza interna y mental.

Habían pasado cuatro años desde que entrené a nuestro primer pequeño equipo DC Redwings en la competencia nacional en Knoxville, y desde entonces me dediqué a aprender el oficio de entrenar. Había devorado libros de entrenamiento, asistido a sesiones y conferencias de entrenamiento como podía pagar, y molestado a entrenadores más experimentados con preguntas para obtener su consejo y aprender de ellos. Había creado un equipo de corredores juveniles durante todo el año de casi cien corredores que proporcionaban una cultura de excelencia y un ambiente familiar auténtico. Amaba a mis corredores. Sabía que para muchos de ellos me había convertido en una figura paterna y un mentor. Mi esperanza era que me admiraran de la misma manera que yo admiraba al Jefe.

El resto de nuestro cuerpo técnico llegó justo antes que el equipo y caminó por la nieve para prepararse. Colocamos los premios en una mesa, marcamos el recorrido para asegurarnos de que no se pudieran cortar esquinas y clavamos la rampa de llegada en el suelo.

«Oh Dios mío. ¡Esto es una locura, Des!" dijo Jami, sacudiendo la cabeza, medio preocupada y divertida. Sonreí.

Sabía lo profundamente comprometida que estaba y que nadie me disuadiría de nada de lo que me propusiera. Estuvo allí conmigo desde el principio, ayudándome a recaudar fondos, organizando reuniones de la junta una vez que nos convertimos en una organización sin fines de lucro y entrenando y asesorando a corredores. Muchas noches, Jami se despertaba y me encontraba todavía trabajando, buscando resultados de competencias, diseñando entrenamientos o leyendo sobre los últimos métodos de entrenamiento. Cuando me acusaba de ser algo obsesivo, respondía que simplemente quería ser el mejor porque los niños se lo merecían y porque alguien se sacrificó para que yo tuviera la oportunidad de una vida mejor.

Cuando llegaron los corredores, algunos saltaron con entusiasmo de sus autos, emocionados por esta oportunidad inusual de probar su fuerza en la nieve. Algunos parecían vacilantes, esperando que recuperara el sentido y cancelara la contrarreloj.

Los reuní y comencé mi charla de ánimo, sonriendo mientras exhalaba en el aire frío. "Vamos a divertirnos un poco hoy. ¡Este es el clima de Indiana! Este es el clima donde nacen los campeones. Esta es una prueba para ver si realmente queremos dar lo mejor de nosotros en las nacionales en un par de semanas. Necesitamos esta puesta a punto, y necesitamos que den lo mejor de sí mismos. ¡Porque incluso se presentaron aquí, eso me dice que tienen algo de sangre de Gary en su ADN!" Algunos se rieron y otros pusieron los ojos en blanco.

«¡Oh, no, no otra historia de Gary!» dijo Donald Lockhart, el hermano mayor de Dominique.

Antes de que pudiera comenzar de nuevo y cautivarlos con una historia de Gary, algunos de nuestros corredores más jóvenes comenzaron a mirar hacia otro lado, señalando en otra dirección. Con los ojos iluminados, más corredores comenzaron a parlotear.

"¡Vaya! ¡Mira eso! ¡Maldita sea!"

«¡Quiero uno! ¡Guau!»

Por ahora, solo la mitad del equipo me estaba prestando atención. Estaban distraídos por la exhibición de trofeos y medallas sobre la mesa. Un par de niños les dieron a sus compañeros de equipo un empujón con el codo o un asentimiento que significaba: *Vamos. ¡Es hora de darle duro hoy!*

«¿Podemos correr con nuestros pantalones de deportivos?» preguntó Kyle Graves, uno de los principales corredores en nuestro grupo de edad de diez y menores.

Respondí: "Claro. Pero si corres con ellos, se mojarán y se volverán pesados y te ralentizarán. Entonces, no te lo recomendaría".

"Oh, no, me los quitaré antes de la carrera", dijo. "¡Vamos a ganar hoy!" exclamó con una sonrisa tímida.

No recuerdo qué equipo ganó. ¿Fue el equipo rojo? ¿Negro? ¿Blanco? Sí recuerdo que el entrenador McMahon y yo analizamos a nuestros corredores tan de cerca y alineamos los tres equipos Inter escuadrones tan perfectamente que todo llegó al límite. Fue solo una práctica que organizamos como un encuentro, pero la intensidad coincidió con cualquier encuentro de nivel nacional en el que hayamos estado. Los corredores se fueron con un premio de primer, segundo o tercer lugar. Y se alejaron sintiéndose orgullosos de haber elevado su fortaleza mental y física al derrotar a la Madre Naturaleza y sus quince centímetros de nieve blanca, fría y húmeda.

Dos semanas más tarde, Kyle y sus compañeros de equipo de grupos de edad menores de diez años ganaron el Campeonato Nacional Olímpico Juvenil de Atletismo de EE. UU. 2002 en Georgia. También ganamos la división de niños de once y doce años y tuvimos varios primeros clasificados en otros grupos de edad que reclamaron premios All-American.

Solo unos meses antes de esa monumental contrarreloj en la nieve, Jami y yo nos casamos en el campus de Howard. Era un día soleado, caluroso y hermoso cuando intercambiamos nuestros votos. Jami terminó sus estudios universitarios el año 2000 y se convirtió en maestra de quinto grado. Ella entrenaba conmigo y organizaba nuestro equipo que iba en aumento y sin fines de lucro. Estaba enseñando en Eugene Clark, una escuela primaria local, y entrenando varios deportes allí. Mi equipo de Clark dominó la liga de las Escuelas Públicas de DC y muchos de ellos se unieron a los Redwings ya que nuestro equipo entrenaba y competía todo el año. El entrenamiento se había convertido en mi vida 24/7. Y los DC Redwings se habían convertido en nuestra familia.

En nuestra boda el 3 de agosto de 2002, un tercio de los 320 invitados que asistieron eran corredores de DC Redwings y sus familias. Y cuando terminó la recepción, los cielos se abrieron y la lluvia de verano más hermosa selló nuestro día.

El día después de nuestra boda, en lugar de tomar un avión para nuestra luna de miel, nos subimos a un autobús chárter con casi cincuenta de nuestros corredores más competitivos y regresamos a Knoxville, esta vez para el Campeonato Nacional de Pista y Campo de la Unión Atlética Amateur. Y esta vez, estábamos mejor preparados que nuestro primer viaje como equipo al Estado Voluntario. Capturamos una cantidad considerable de medallas individuales y por equipos, incluidos algunos títulos nacionales. A Jami y a mí nos gusta bromear que tuvimos dos lunas de miel: una con cincuenta niños durante siete días en la pista y la segunda una semana después, donde finalmente nos relajamos en la soleada Barbados como recién casados.

Con la ayuda de otros entrenadores, como Lonice Ross, quien fue mi compañero de equipo en Howard, y Sherman Turner, un padre entusiasta que recluté, pasaríamos a convertirnos en uno de los programas juveniles de atletismo y campo traviesa más dominantes en la nación. Ganaríamos los Campeonatos Nacionales de Clubes y Equipos de la AAU en Orlando, Florida, en 2004 y muchas más competiciones nacionales.

Pero no se trataba de las victorias o las derrotas. Se trataba más de las lecciones de vida que surgieron antes, durante y después de las competencias. Aprendí a crear una sólida cultura de equipo en la que los niños sintieran que pertenecían y corrieran unos por otros, al igual que mi experiencia con mis compañeros de equipo en Horace Mann. Aprendí a equilibrar a los corredores desafiantes para trabajar duro y crear un ambiente divertido. No pasé tiempo hablando de ganar; fue un subproducto de la cultura que creamos. Se crearon amistades y lazos que se extendieron más allá de la pista.

Todavía tengo corredores de DC Redwings que se mantienen en contacto conmigo, y algunos incluso se han convertido en entrenadores. Estoy más que orgulloso de que construimos más de cien corredores al año de toda el área de DC, Maryland y Virginia y me siento honrado por las vidas que cambiamos con el deporte de atletismo en marcha.

CAPÍTULO 17

¿CUÁL ES EL COSTO?

¡Bam, bam, bam!
Salté aturdido, sin saber si había oído algo en la puerta principal o si estaba soñando. Miré el reloj, mi cabeza todavía en la niebla. Después de una segunda mirada, me sequé los ojos y confirmé que era temprano. Eran las 6:32 de la mañana del domingo. Acabábamos de regresar con el equipo de Orlando después de competir en los Campeonatos Nacionales de Atletismo de la AAU de 2004 y estábamos agotados por el viaje.

¡Bam, bam, bam! "¡Dez, sal de aquí!" gritó mi vecino Allen. "¡Se están llevando tu auto!"

Me puse un par de pantalones cortos y la camiseta más cercana que pude agarrar, pero cuando salí corriendo, Allen estaba parado en una protesta desafiante con un conductor que tenía nuestro Toyota Corolla gris claro atado a la parte trasera de una grúa. Allen agitó las manos frente a él y le suplicó al conductor.

«¡Vamos hombre! ¡Estos son jóvenes trabajadores! ¡Dadles un respiro!"

El hombre fornido respondió: "Lo siento, hombre. Si les doy un respiro, pierdo mi trabajo. ¿Tiene sentido? ¡Ahora sal del camino!"

Intervine, "Vamos, señor. No tienes que hacer esto. ¡Hoy no, no ahora mismo!". En medio de mi súplica, se alejó con cautela, tratando de no golpear a Allen. Las lágrimas me picaron en los ojos, y cuando me di la vuelta, pude ver lágrimas corriendo por las mejillas de Jami. Salió justo a tiempo para ver cómo remolcaban nuestro auto. Me giré y murmuré una débil palabra de agradecimiento a Allen por su intento de ayudar.

Jami y yo regresamos a la casa con la cabeza gacha, el rostro hosco, mirando la tarjeta que nos había dado el conductor. Antes de que pudiera marcar el número, Jami me golpeó con un aluvión de preguntas.

"¿Qué acaba de pasar aquí? ¿Por qué se llevó el coche? ¿Cómo puede hacer eso?" Ella me miró suplicante.

Me senté en el sofá y respiré hondo y tragué un gran trago, intentando despejar el nudo en mi garganta. Tropecé con mis palabras, pero logré comenzar a explicar: "¿Recuerdas que te dije que algunos de los corredores no podían pagar el viaje a Orlando? Bueno, no podíamos dejar a ningún niño atrás. Además, si no iban, entonces los equipos de relevos no habrían podido competir, y luego, ¿qué pasa con los otros niños? Hice una pausa y me froté los ojos, todavía con la esperanza de que esto no acababa de suceder.

"Pensé que tenía más tiempo, pero. . . y luego la abuela de Anthony me dijo que necesitaba otro par de zapatillas de atletismo. Entonces, nosotros, tú y yo, patrocinamos a cuatro niños, y eso nos impidió pagar la cuenta del automóvil durante los últimos tres meses. Lo siento mucho, cariño."

Jami suspiró lenta y profundamente. Ella sabía que estábamos en sintonía. Hace años prometimos que nunca permitiríamos que el dinero impidiera que un niño se uniera al equipo o viajara a las competencias, incluso si eso significaba que los fondos tenían que salir de nuestros propios bolsillos. Nos cortaron el agua antes, y también el gas. Pero nunca por mucho tiempo. Nunca se quejó demasiado al respecto, pero esta vez, su inquietud y angustia eran diferentes. Yo estaba metido de pies a cabeza con el entrenamiento.

Paseaba de un lado a otro frente a mí, desgastando la alfombra de la sala, pensativa mientras se masajeaba las sienes. Después de aproximadamente un minuto, se sentó suavemente en el otro extremo del sofá. Volvió a respirar hondo y captó mi mirada. «¿Qué vamos a hacer? No podemos seguir haciendo esto. Ahora tenemos más cosas de las que preocuparnos que nosotros mismos". Su voz se apagó mientras ponía su cara entre sus manos.

"Lo sé, lo sé", dije. Jami estaba embarazada de cuatro meses. Estábamos eufóricos, pero sabía que ella todavía estaba preocupada. Había tenido un aborto espontáneo el año anterior, a los tres meses de embarazo, y todavía no sentía que pudiera disfrutar de esta próxima etapa de nuestras vidas. Me dijo que le preocupaba tener otro aborto espontáneo mientras que también lidiaba con la incertidumbre de poder manejar su último año de posgrado y enseñar al mismo tiempo. Ya estaba agobiada por el estrés, y este dilema del automóvil no ayudó en nada.

"Mira, sé que te encanta entrenar, pero no podemos vivir de esta manera. Pasas tanto tiempo entrenando, simplemente no te queda nada para mí, para nosotros". Odiaba ver a Jami así, pero no tenía una respuesta que aliviara sus preocupaciones.

En ese momento, todavía estaba entrenando y dirigiendo el programa DC Redwings durante todo el año. También enseñaba educación física en una escuela secundaria cercana y trabajaba como director deportivo de la escuela. Al mismo tiempo, acepté un trabajo de entrenador de secundaria en Greenbelt, Maryland, en Eleanor Roosevelt High School, lo que generó un viaje de ida y vuelta de setenta minutos de cinco a seis días a la semana.

"Dez, estás haciendo demasiado", decía mi mamá. "Apenas tienes tiempo para llamarme y ver cómo estoy de vez en cuando, estás tan ocupado".

"Es demasiado, cariño. Nunca tenemos tiempo de descanso. Son solo las 24 horas del día, los 7 días de la semana", declararía Jami.

La mayoría de las veces resentiría esos comentarios. De hecho, a veces me enojaba. Estoy tratando de lograr un cambio positivo. ¿No pueden ver eso? Mi mamá simplemente no entiende, y a Jami solo le gusta regañar. Sabe lo importante que es para mí el entrenamiento. Otras veces, volvía a comprometerme a planear citas divertidas con Jami o llegar temprano a casa después de la práctica para sorprenderla. Traté de asegurarme de llamar a mi mamá con más frecuencia para hablar sobre lo que estaba pasando en Gary y para ver cómo estaba mi familia allí.

Y luego mi vida cambió en esa fría mañana de miércoles. Era el 26 de enero de 2005.

«Bebé, creo que ya es hora», dijo Jami en la paz fugaz de la mañana temprano mientras balanceaba lentamente los pies por el costado de la cama antes de levantarse. Me levanté, y era hora de irme.

Nueve horas después, nació nuestro hermoso bebé. Niles Desmond Dunham. Ser testigo de su nacimiento fue como ver a Dios crear un milagro justo en frente de mis ojos. Su primer grito trajo lágrimas a mis ojos. Pesaba siete libras y media y medía diecisiete pulgadas de largo. Su cabeza estaba llena de cabello negro oscuro, y se contaron todos los dedos de las manos y de los pies. Mi mamá estaba en la sala de partos con nosotros. Llevaba mucho tiempo esperando un nieto; ella no podría estar más feliz y lloró su buen puñado de lágrimas.

Todas las noches que Jami estaba en el hospital con Niles, yo dormía en la diminuta cama del hospital con ella, sin querer separarme de su lado ni de nuestro precioso bebé. Sin embargo, todavía fui a la práctica de atletismo, solo me lo perdí el día que nació Niles. Estaba radiante, contándoles a todos sobre mi nuevo hijo. ¡Quería compartir esta buena noticia con cualquiera que quisiera escuchar! Todos mis corredores se ofrecieron como voluntarios para cuidar niños y estaban emocionados de conocer al bebé Niles.

Los siguientes seis meses pasaron como un rayo. Jami y yo nos metimos en una rutina con nuestro nuevo hijo y nuestra nueva vida como padres. Nuestras madres fueron de gran ayuda, ambas formaron equipo para quedarse con nosotros durante esta transición. Ahora tenía aún más que esperar en las competencias de atletismo. Siempre que podía, Jami venía a las reuniones con el bebé Niles a cuestas. Rápidamente se convirtió en una especie de mascota del equipo. A los corredores y familias les encantaba abrazarlo y jugar con él. Miraba hacia arriba en las gradas y me sentía muy orgulloso de mi pequeña familia. Sentí un renovado sentido de propósito. Quería ser mejor para ellos. Quería trabajar más duro para mantenerlos. Era un amor que nunca supe que experimentaría.

* * *

"Papá se fue, Dez", gritó mi hermana Shnicks. "Él no sobrevivió a la noche", continuó sollozando.

Agarré el teléfono con fuerza en mi mano y me senté en mi sofá. Mi corazón comenzó a acelerarse y mi respiración cambió. Cuando colgamos el teléfono, inmediatamente llamé a Jami. Era agosto y ella estaba en su escuela mientras yo estaba solo en casa con Niles. Apenas le dije la noticia a Jami y luego colgué cuando dijo que estaba en camino. Con lágrimas corriéndome por el rostro, entré en la guardería de Niles y lo recogí de su cuna.

Mi padre había estado luchando contra el cáncer de pulmón y un abanico amplio de otros problemas relacionados con la bebida durante algunos años. Cuando Niles nació en enero, la salud de mi padre había empeorado drásticamente. Mi papá conoció a Niles cuando tenía unos siete meses, solo unas pocas semanas antes de que mi papá perdiera su batalla contra el cáncer. Nunca pude despedirme antes de que mi padre muriera. Había tanto que necesitaba decir.

Supe unos años antes que tenía un hermano menor llamado Preston. Mi papá me ocultó esta información, e incluso después de que supe la verdad, nunca mencionaron a Preston. Mi papá me estafó en muchas experiencias, incluida la de ser un hermano mayor. Cuando conocí a Preston, él estaba en la escuela secundaria y yo enseñaba y vivía en DC. Inmediatamente vi en él la constitución alta y esbelta de nuestro papá, sus ojos, sus pómulos. Cuando habló, lo hizo con la cadencia de nuestro papá. La tristeza, la pérdida, la ira y la esperanza me inundaron simultáneamente.

Sé que mi papá me amaba. Sé que luchó con algunos demonios serios. Nunca pude decirle cómo sus luchas crearon un trauma en mi vida y en la vida de mis hermanos y cuánto me molestaba eso. He intentado deshacerse de ese resentimiento, pero durante mucho tiempo luché por confiar en alguien. Luché a través de las relaciones durante años y me abrí camino hacia un matrimonio saludable y sostenible. Fue una yuxtaposición; el mismo año que me convertí en padre, perdí el mío. Ese día de agosto, yacía sosteniendo a mi bebé en mi pecho, abrazándolo con una emoción que tenía más que ver con lo que perdí en mi infancia que con lo que perdí ese día. Ese fue el momento en que prometí ser el mejor padre posible para Niles.

CAPÍTULO 18

AIRES DE CAMPEONATO

¿Qué más? ¿Qué me estoy perdiendo? ¿Debería cambiar este entrenamiento?

Mientras estaba sentado en mi sofá, rodeado de papeles con tiempos y registros de entrenamiento, miré incesantemente mi plan de entrenamiento para cada fase de la temporada. Tenía que hacerlo bien. Una vez más, me levanté casi a las dos de la mañana. Fue a principios de septiembre, solo un par de semanas después de la muerte de mi padre. Estaba estudiando y elaborando estrategias en preparación para la próxima competición de campo traviesa en la que correría mi equipo de Eleanor Roosevelt.

Sacudí la cabeza de solo pensarlo. No podíamos permitir que se repitiera lo de la final de la temporada de campo traviesa del año 2004. Después de terminar tercero en nuestra región en el 2004, estaba seguro de que seríamos uno de los dos equipos en la cuenta regresiva final para la selección para competir en la competencia de campo traviesa Nike Team Nationals, pero el comité tenía otra idea. El campo nacional de veinte equipos fue seleccionado por un comité designado formado por Nike. Los dos mejores equipos de las ocho regiones se clasificaron automáticamente y luego se eligieron cuatro equipos generales adicionales. Solo un equipo de Maryland fue invitado a la fiesta, y no fuimos nosotros. La escuela secundaria C. Milton Wright recibió el honor, aunque los superamos por un promedio de veintitrés segundos por corredor en la competencia estatal de Maryland. Estábamos en divisiones separadas, por lo que no tuvimos la oportunidad de competir cara a cara. C. Milton Wright se había desempeñado bien durante toda la temporada y tenía un calendario sólido, y corrimos el mismo recorrido con una hora de diferencia. A pesar de que ambos equipos pisaron la línea de salida el mismo día y corrieron el mismo recorrido en la misma competición y que nuestro equipo corrió más rápido, esos hechos no fueron suficientes para persuadir el comité de selección.

No pudimos evitar sentirnos desanimados. Nuestras chicas habían entrenado de cuarenta a cincuenta millas por semana durante la mayor parte del verano y el otoño. Entrenaron duro, pero no fue suficiente. No fuimos seleccionados. Y, vaya, eso dolió.

C. Milton Wright corrió contra lo mejor de lo mejor en Portland, Oregón, donde los corredores recibieron un trato VIP mientras visitaban el campus de la sede central de Nike y pasaban el rato en el increíble Tiger Woods Center. Nike se encargó de los vuelos, los hoteles, la ropa lujosa y las comidas. Me dolió terminar nuestra temporada prematuramente. Cuestioné mi calendario y selecciones de encuentros y sentí que no puse al equipo en la mejor posición para obtener los primeros votos de calidad. *¿Qué podría haber hecho diferente?*

«Bebé, ¿vienes a acostarte ya?» preguntó Jami desde el piso de arriba, rompiendo mi hilo de pensamiento.

«Sí, cariño, en un rato». Pero mi mente estaba acelerada, y tomaría tiempo para que se calmara lo suficiente como para quedarme dormido. Además, sabía que Niles se despertaría pronto, y disfruté esos momentos de la mitad de la noche con él, cambiándole el pañal, abrazándolo y besándolo, y luego llevándolo con su mamá para que lo amamantara antes de que regresara a dormir.

Jami estaba acostumbrada a esto, pero aun así se preocupaba cuando me consumía con uno de mis equipos. Unos meses antes, durante una de las muchas conversaciones sobre mi tiempo dominado por el entrenamiento, Jami trató de persuadirme para que viera las cosas desde su perspectiva.

"Bebé, tienes que hacer algo. Estás entrenando a tres equipos y tu familia te necesita. Te necesito más en casa", suplicó Jami a finales de ese verano después del nacimiento de Niles. No quería terminar nuestra carrera con DC Redwings, pero en el fondo yo sabía que ya no podía estirarme tanto. Sabía que mi matrimonio tampoco podría soportarlo. Lo sabía. Ella tenía razón. Tenía que hacer algo. Algo tenía que hacer.

Entonces, a fines de 2005, acompañados de mucha angustia y angustia, terminamos una era de ocho años de carrera juvenil en DC. Tomamos la decisión de cerrar los DC Redwings. Mi enfoque ahora cambió por completo a la construcción del programa en Eleanor Roosevelt. Estaba completamente enfocado en entrenar a los corredores de distancia en Eleanor Roosevelt, y como entrenador asistente en el programa, pude especializarme en áreas de eventos muy queridos para mí.

* * *

El Hartford Invitational 2005 llegaba en solo una semana y teníamos que estar preparados. Mientras continuaba revisando mis notas de entrenamiento en el sofá, hice una lista de verificación en mi mente con la esperanza de que mis dos temporadas anteriores de aprendizaje en Roosevelt se reflejaran en mi plan. La calidad de principios de temporada se encuentra. *Listo.* Mentalmente más duro. *Listo.* Los mejores corredores que regresan están de regreso y más fuertes que nunca. *Listo.* Nuestro equipo se levantó muy temprano el próximo sábado, cargado en camionetas que se dirigían al Hartford Invitational en Bel Air, Maryland. Buscábamos dos equipos poderosos: Delaney High School y nuestra némesis, C. Milton Wright. El viaje de una hora fue tranquilo. Sin tráfico, aceleré por la carretera, el follaje de otoño en mi vista periférica, mi mente previsualizando la carrera, anticipando en qué lugares pensaba que cada una de nuestras chicas podría terminar y calculando cuál debía ser nuestro puntaje en comparación con nuestros competidores. Nuestras chicas sabían que este encuentro podría sellar su boleto a Nike Team Nationals. El Hartford Invitational fue el encuentro que pudo reconciliar el desaire del año anterior.

 Cuando nos detuvimos en el estacionamiento, pude ver las banderas multicolores que bordeaban la rampa de llegada. *Aquí vamos. Eso es todo. Están listos.* La tensión era espesa. Sin bromas, sin reír. Las chicas salieron de las camionetas con rostros estoicos, listas para probarse a sí mismas. La leve astilla en sus hombros los dotó de una actitud que reflejaba la determinación con la que pisarían el campo.

 Una vez que nuestras chicas comenzaron a entrar en calor, me puse nervioso y sentí el aumento constante de mi ansiedad. Marqué los puntos del recorrido donde entrenaría durante la carrera, dando mis indicaciones y animándolas a las chicas mientras corrían. *Vamos chicas. Pueden hacerlo.*

Comenzó la carrera de chicas del equipo universitario y yo ya estaba sudando a pesar del clima fresco y enérgico Y a que nunca podía quedarme quieto y entrenar a mi equipo, probablemente corría tantas millas como mis atletas, zigzagueando donde podía en las porciones de espectadores del recorrido, tratando de captar los momentos clave en los que podía gritar aliento y estrategia a mis corredores.

Con convicción, Dominique Lockhart y Marika Walker de nuestro equipo conectaron un feroz doblete en 17:21 y 17:23 durante tres millas, seguidas por Teshika Rivers, quien terminó como nuestra tercera corredora. Dominique había estado conmigo desde su juventud corriendo en St. Gabriel, así que sabía que tenía nervios de acero. Marika era una corredora sin pretensiones con un comportamiento tranquilo. Tropezó con correr cuando sus sueños de fútbol se vieron truncados por una fractura de tobillo en el otoño de su primer año. Comenzó su carrera como corredora de 6:40 la milla y no miró hacia atrás. El resto del equipo universitario incluía a Tyreka Arrington, Nayda Pirela, Tunisia Milner, Jennifer Redman, Tasha Stanley y Christine Danielson.

Nuestro equipo se destacó. Nuestras mejores corredoras eran negras, y me tenían a mí, un entrenador en jefe, negro. No era algo que se viera a menudo en los campos de cross country en Maryland o a nivel nacional a principios de la década de 2000.

En los eventos de atletismo, cultural e históricamente, no se ha alentado a los corredores negros a correr a campo traviesa. El baloncesto, el fútbol y las carreras cortas en atletismo han brindado la mayoría de los modelos a seguir para los niños negros en los deportes. La carrera recreativa se promociona como una forma de vida para las familias blancas, de clase media y ricas. Donde crecí, si veías a alguien corriendo en el vecindario, no era por diversión, y ciertamente seguías el ejemplo y corrías también, ¡haz preguntas más tarde!

Como corredor y luego como entrenador, me enorgullecía disipar los estereotipos y disipar los mitos de que los niños negros no pueden correr largas distancias.

La actuación de 2005 en el Hartford Invitational catapultó a nuestro equipo a la conversación de las clasificaciones nacionales. Pero siempre hay más cosas que construir y crecer. Los entrenamientos estaban dando en el clavo, así que mi enfoque se centró en nuestra cultura. Estaríamos tan en forma como cualquier equipo en las nacionales, pero ¿estaríamos mentalmente fuertes? Pronto encontraría mi respuesta.

Un día, unas pocas semanas después de la victoria de Hartford, hicimos una carrera de ocho millas a un ritmo moderado durante la práctica, con los entrenadores uniéndose a las chicas en este día frío y lluvioso. Había llovido todo el día, y los campos aguantaron la lluvia, causando algunos charcos profundos. Inicialmente, las chicas intentaron sortear los charcos, pero rápidamente se les recordó que los equipos en segundo lugar se preocupan por los obstáculos y los campeones los atraviesan.

«¡Vamos todas, vámonos!» Las animé. Se sumaron otros entrenadores.

"De esto están hechos los campeones", intervino el entrenador Sherman. "¡Vamos!".

Tomé la decisión de última hora de modificar el entrenamiento, abandonando nuestro plan de correr una ruta escénica más allá de la escuela y, en cambio, continuar nuestra carrera alrededor del mismo campo una y otra vez. Esto fue estratégico. Un grupo hablador se quedó en silencio y yo tenía toda su atención. Su enfoque y concentración se volvieron más intensos a medida que daban vueltas alrededor del campo fangoso con charcos que llegaban casi a la altura de las pantorrillas. "¡Si pueden correr en estas condiciones, pueden correr en cualquier condición!" Dije entre respiraciones. Sabía que tenían frío y no podían sentir sus pies en este punto. Las más de veinte vueltas alrededor del pequeño campo bajo la lluvia helada y los vientos huracanados serían una práctica que nunca olvidarían. Fue una carrera larga y dolorosa mientras trataban de coordinar cada paso con el equilibrio impredecible. Este fue el momento en que vimos su habilidad física alinearse con su corazón y alma. No fueron las interminables repeticiones de 800 metros, 1200 metros o 1600 metros; fue el frío, la lluvia y el barro lo que les transformó.

Se convirtieron en gladiadoras ese día, y todos lo sabíamos. Podíamos ver y podíamos sentir la trascendencia en una fuerza invencible. Todo lo que se escuchaba era una respiración agitada, los pies chapoteando en el barro y golpeando los charcos. El tiempo de juego había terminado. Las conversaciones cesaron hasta que hubo ánimos para no permitir ningún espacio entre el apretado grupo de ocho.

"Espacio significa visitantes, y no se permiten visitantes", replicó Teshika. «¡Ahora ciérralo!» Y las chicas siguieron su orden. Ella estaba haciendo referencia a una estrategia de carrera que les habíamos enseñado, y me enorgulleció ver su liderazgo en este momento. Estas chicas tenían una misión, y todas estaban preparadas para la batalla, al ritmo de las demás.

"¡Este es el clima del campeonato! En días como este, los campeones se mantienen enfocados en sus objetivos", insté. Este tipo de formación y filosofía tenía que convertirse en la columna vertebral de nuestro programa si queríamos ser contendientes a nivel nacional. Pero los principios también tenían el potencial de extenderse más allá del deporte mientras navegaban por su futuro.

Me di cuenta de que la coexistencia de desafío y recompensa era la simple razón por la que me enamoré de correr. Ningún otro deporte me dio esa sensación. A pesar de los compañeros de equipo y los competidores, el deporte de correr es realmente tú contra ti mismo. Cuando conquistas tu estoicismo interno, te quedas con esta autosatisfacción casi cínica de saber que acabas de conquistarte a ti mismo. Esta esquiva recompensa cuelga como una zanahoria frente a ti para perseguirla, para alcanzar el sueño de querer más de esa deslumbrante sensación de logro. Esto es lo que mis entrenadores asistentes y yo queríamos incrustar en nuestros corredores: esta mentalidad, esta actitud y esta determinación cada vez que corrían y, lo que es más importante, para las curvas que la vida nos presenta a todos.

A medida que avanzaba la temporada 2005, nos posicionamos como los principales candidatos para ser seleccionados para Nike Team Nationals. Cuando participamos en una competencia nacional en el histórico Van Cortlandt Park en el Bronx, Nueva York, obtuvimos el quinto lugar en un campo repleto de estrellas. Hicimos nuestro trabajo y nuestra clasificación lo reflejó. Subimos en las listas durante toda la temporada y fuimos los siguientes en obtener el visto bueno para los nacionales. Estábamos ansiosos mientras esperábamos la penúltima clasificación, pero teníamos una sensación de logro. Hicimos todo lo que pudimos hacer, lo mejor que pudimos, y luego, nos prepararíamos para una competencia estatal que no tendría ningún peso para las clasificaciones nacionales, pero que podría darnos campeonatos estatales de Maryland consecutivos.

La semana siguiente, exudamos confianza el día antes del anuncio de la clasificación mientras corríamos y cantábamos que íbamos al campeonato nacional. Una y otra vez a lo largo de la carrera, cantamos con orgullo: "¡Vamos al barco! ¡Vamos al barco!

Al día siguiente, un sábado, revisé ansiosamente el sitio web de Dyestat para ver las clasificaciones actualizadas. Estaba aturdido. De alguna manera, un equipo de Virginia nos había superado inmerecidamente en la clasificación.

Inmediatamente llamé al entrenador Sherman. «¡Esto es una mierda, hombre!» Vomité cuando contestó el teléfono. Sabía que el equipo de Virginia no tenía la solidez del cronograma que teníamos y, en un análisis cruzado, no se acercaron a nuestros logros.

"¡Su horario es increíble! Los mataríamos cabeza a cabeza. ¡Esto simplemente no tiene sentido!" Yo continué. Nuevamente sentí que nos estaban estafando. ¿Estamos siendo subestimados por cómo nos vemos? No pude evitar preguntarme.

Sherman estuvo de acuerdo y ambos colgamos, estupefactos. No tendríamos la oportunidad de competir contra el equipo de Virginia, y no nos quedaban otros encuentros en la temporada que presentaran un equipo con peso suficiente para subir un escalón más. Nuestro próximo encuentro estatal no tendría suficientes equipos a nivel nacional.

No haber sido seleccionado en 2004 fue extremadamente decepcionante. Entonces, este año sabíamos que teníamos que trabajar más duro. Y planeamos tan diligentemente que estábamos convencidos al cien por cien de que seríamos seleccionados. Cuando no lo estábamos, estábamos seguros de que nos habían jodido de un viaje a Portland. Envié un correo electrónico a los miembros del comité de Nike, pero la respuesta que recibí no fue favorable. Nos negaron injustamente.

En la siguiente práctica, les dimos la noticia a las chicas, quienes estaban legítimamente devastadas.

«¡Esto no es justo!» Túnez dijo mientras las otras chicas asentían.

"Pero lo hicimos mejor que algunos de esos otros equipos", agregó Nayda.

«Lo sé», fue todo lo que pude reunir. Hicieron todo lo que se suponía que debían hacer y claramente superaron a los equipos que llegaron a la postemporada en una posición privilegiada.

La decisión fue inexplicable desde una perspectiva atlética, pero se convirtió en una gran lección de vida para todos nosotros. Después de la decepción, pasamos los siguientes dos días tratando de volver a centrarnos en el campeonato de campo a través del estado de Maryland.

"A veces haces todo lo que puedes y todavía no es suficiente", dije durante una de las reuniones de nuestro equipo. "Solo podemos controlar nuestros esfuerzos. Y todavía deben estar orgullosas. Trabajaron muy duro. La vida no es justa, pero aun así podemos decidir cómo respondemos a ella. Entonces, mantengan la cabeza en alto y prepárense para lo que sigue". Todavía estaba furioso por la decisión, pero sabía que necesitaba establecer el tono sobre cómo lidiar con tal decepción. Concluimos la semana de práctica con una carrera suave y tuvimos cuidado de no agregar estrés adicional a las chicas.

El sábado siguiente recibí una llamada desesperada del entrenador McMahon. «¡Ellas corrieron! ¡Ellas corrieron! ¡Increíble, corrieron y perdieron!"

"Eh, ¿qué estás diciendo, Tim?" Apenas podía entender lo que intentaba compartir.

"¡El equipo de Virginia corrió y perdió ante un equipo no clasificado! ¡Fueron a Nueva York para una reunión discreta y perdieron! Mi boca se abrió, y salté, levantando mis puños en el aire. El equipo de Virginia no pudo mantener su clasificación después de sufrir una derrota ante un equipo no clasificado. Esto nos permitiría volver a la posición que nos corresponde.

¡No podíamos esperar para contárselo a las chicas y, cuando lo hicimos, gritaron de alegría! El cántico volvió: "¡Vamos al barco! ¡Vamos al barco!" Esto fue lo más feliz que había visto al equipo.

Avanzamos una semana hasta principios de noviembre. Capturamos nuestro segundo campeonato estatal consecutivo, y Marika ganó su primer campeonato estatal individual en el infame campo de Hereford. Hereford High School, ubicada en Parkton, Maryland, era conocida como una de las pistas más difíciles del país e incluía una enorme colina que los corredores tenían que conquistar al principio y al final de la carrera. La carrera fue realmente diseñada para los corredores con más determinación. Era agonía, pura tortura, pero también planteaba la pregunta: «¿Quién lo quiere más?»

Con confianza renovada, volamos a Portland el primer fin de semana de diciembre. Las condiciones climáticas eran terribles, y esto siendo cauto. Había habido aguaceros torrenciales en los días previos a nuestra llegada, y no habían parado. La pista en el hipódromo de Portland Meadows parecía como si hubiera estado bajo un monzón, y proporcionó una prueba adicional para ver si cada uno de los equipos realmente quería estar allí. Pusimos ropa extra en bolsas de basura para mantenerlas secas mientras el equipo realizaba una previa del recorrido trotando. Más que nada, quería que las chicas supieran que pertenecían a este encuentro deportivo: habían hecho todo el trabajo y eran tan buenas como sus competidores.

Mi mente se tranquilizó cuando Dominique exclamó en los primeros pasos del calentamiento: "¡Este es el clima del campeonato!" Todos nos reímos en completo acuerdo. Sí, absolutamente pertenecen aquí.

Independientemente del resultado de la carrera, la misión se cumplió. Las actitudes de estas chicas reflejaron la cita: «La vida es el diez por ciento de lo que te sucede y el noventa por ciento de cómo respondes». (Swindoll n.d.) Pasamos a tomar el undécimo lugar en general en los nacionales, una actuación sólida, y demostramos nuestro punto de que pertenecíamos allí, derrotando a otros nueve equipos de los veinte primeros. No está mal para un equipo que recibió la selección final por una casualidad.

CAPÍTULO 19

LAMIENDO NUESTRAS HERIDAS

Nos dirigimos al último fin de semana de abril de 2006, el fin de semana tradicional del Carnaval de Relevos de Penn, con entusiasmo y anticipación. Este encuentro era el Super Bowl de los encuentros de atletismo en la Costa Este, y sabíamos que los equipos de Jamaica pondrían a prueba nuestras habilidades. Cuestioné si había preparado con éxito a mi equipo para lo que estaban a punto de enfrentar.

Tuvimos una gran temporada de campo traviesa en el otoño y todavía nos sentíamos sólidos acerca de nuestra actuación en Nike Team Nationals. Pero los jamaicanos habían sido tan dominantes en años anteriores que probablemente teníamos más posibilidades de ganar en grande con un raspadito de lotería que llevarnos el trofeo del primer lugar "Big Penny" a casa. Los equipos ganadores en Penn Relays reciben un centavo de gran tamaño de tres pies de diámetro que buscan miles y miles de corredores cada año. Se sabía que los entrenadores llevaban cuerdas a los relevos con la esperanza de que fueran ellos quienes ataran el "Big Penny" al techo de su automóvil o camioneta del equipo. Como corredor en Howard, me impresionaba el ambiente y la competencia en Penn Relays. La reunión contaba con los mejores corredores de secundaria, universitarios y profesionales de la costa este y más allá. Y ahora, como entrenador, esperaba establecer a Roosevelt entre los mejores equipos. Nuestras chicas corrieron la una por la otra. Corrieron con entusiasmo, complementado con un régimen de entrenamiento físico deliberado y serio.

El primer día de la competencia, mientras trataba de concentrarme en las carreras y la preparación de mi equipo, no pude evitar distraerme con la presencia dominante de los equipos de Jamaica. Su calentamiento previo a la carrera era rítmico y optimista. Se alinearon en el campo interior, cada corredor dando zancadas de unos cuarenta metros, cada paso deliberado y elegante, pero poderoso e intenso. Cada pocos minutos, las corredoras realizaban algunos ejercicios de carrera sincronizada o carreras de velocidad, disparando a toda máquina para acelerar y estar listas para correr. Parecían gacelas, naturalmente rápidas y confiadamente robustas. Ver su calentamiento fue muy similar a ver un pelotón preparándose para ir a la guerra. No hablaban mucho, permanecían en su mayoría distantes a pesar de una sonrisa de satisfacción de vez en cuando, y se movían en sincronía con un aire de derecho, como si hubieran inventado el deporte de correr.

Nos enfrentamos a un fuerte grupo de equipos, incluido Holmwood Tech High School de Jamaica, en las pruebas de relevo de 1600 metros. Takecia, la mitad de los famosos gemelos Jameson, fue nuestra pierna ancla (el cuarto y último corredor del equipo de relevos). Estaba preparada para enfrentar la recta final y cruzó la línea de meta en el mejor tiempo preliminar de un equipo estadounidense, asegurando nuestro lugar en las finales tan esperadas. El equipo de Holmwood aún terminó siete segundos antes que nosotros, por lo que sabíamos que había mucho trabajo por delante para las finales del día siguiente.

Nos fue bien durante las otras carreras preliminares y regresamos a nuestro hotel esa noche, listos para descansar para el segundo día.

Al día siguiente, nos alineamos a media mañana para nuestra primera final, llamada Campeonato de América en este encuentro. Esta carrera fue el relevo de 3.200 metros, también conocido como el relevo de 4x800 metros. Los equipos de Jamaica pisaron la pista con mucha confianza, habiendo ganado diecinueve de los últimos veinte Campeonatos de América, y este día no sería diferente. Holmwood Tech presentó a Bobby-Gaye Wilkins, una estudiante de secundaria en ese momento, que había representado a Jamaica en el Campeonato Mundial Juvenil de Atletismo de 2005. Aunque entonces no lo sabíamos, ella también los representaría en un escenario más grandioso en los Juegos Olímpicos de Beijing 2008, ganando una medalla de plata en el relevo de 1600 metros. (Juegos Olímpicos, 2008) Las compañeras de equipo de Wilkins eran un fuerte elenco de chicas que representaban a su país a nivel de campeonato mundial.

Nuestras chicas hicieron todo lo posible para aguantar y pudieron reunir la fuerza suficiente para permanecer con los mejores equipos durante tres vueltas y media de la carrera de ocho vueltas. Después de que los equipos jamaiquinos se alejaran en el partido de vuelta, quedó claro que los equipos estadounidenses no estaban listos para destronar a los jamaiquinos.

Los silbatos de la victoria comenzaron a sonar prematuramente para los jamaiquinos, que lideraron las últimas cuatro vueltas y media. Holmwood Tech cruzó la línea en ocho minutos y cuarenta y cinco segundos, y terminamos terceros en la general, deteniendo el reloj casi ocho segundos después de Holmwood. La escuela secundaria Edwin Allen, también una potencia jamaicana, nos adelantó medio segundo para ganar el segundo puesto. Fue una gran carrera para nuestro equipo, y me sentí muy orgulloso. ¿Cómo podría no serlo? ¡Establecieron un récord escolar y registraron el tercer tiempo más rápido en la historia de las chicas de EE. UU.!

A pesar de las emociones encontradas, mi cuarteto sabía que corrieron lo mejor que pudieron. Compitieron con corazón y tenacidad, pero se dieron cuenta de que, aunque hicieron un tiempo extremadamente rápido y clasificado a nivel nacional, no tenían la potencia de fuego para superar a los jamaiquinos. Aunque entrenamos increíblemente duro, nos superaron en entrenamiento y jugada.

Holmwood Tech obtuvo un primer lugar en el relevo de 4x100 metros a continuación, dejándolos en posición de ganar una triple corona si pudieran lograr una victoria más. Tendríamos otra oportunidad de enfrentarnos a ellos, tal vez para aplastar sus esperanzas de triple corona, con las finales de relevos de 1.600 metros al final del día. Las probabilidades eran un poco mejores para nosotros en esta carrera. Después de todo, los jamaiquinos habían ganado apenas quince de los últimos veintiún títulos contra los equipos estadounidenses en esta carrera.

Para mi disgusto, Holmwood corrió un increíble tiempo de 3:36.09, el tercer tiempo más rápido jamás corrido en los Relevos de Penn por un equipo femenino de secundaria.

Aplastó su propio récord por dos segundos, uno que se estableció en 2001. El equipo de Holmwood tenía una potencia de fuego inigualable, incluida Sonita Sutherland en la pierna del ancla, y ella era una contienda a tener en cuenta. Sonita había establecido un récord personal de 51,13 en los 400 metros a principios de año. Para ponerlo en su perspectiva adecuada, podría vencer a la mayoría de los chicos de secundaria en este evento. Tomó el relevo y logró un split de 53.2 para llevarse la victoria, enviando un mensaje a nuestro equipo que no olvidaríamos. Aunque éramos el mejor equipo estadounidense, todavía no estábamos listos para las grandes ligas. El sol salió ese día, brillando sobre los equipos de Jamaica más que nunca.

* * *

"¡Maldita sea! Corrimos como locos, ¡y aun así no fue suficiente! ¡Rompimos récords escolares, récords personales y dimos todo lo que teníamos! ¡Eran demasiado difíciles, hermano!" Me detuve y respiré hondo. Mi orgullo todavía estaba tierno y no podía fingir lo contrario, especialmente cuando había leído un titular audaz y descarado de un artículo que detallaba nuestras deficiencias.

Sherman respondió: "Lo sé, hombre. Sin embargo, los equipos de Jamaica tienen una ventaja real. ¡Llegaron a Penns después de una temporada completa, incluidos sus campeonatos del Caribe!"

Nuestra entrenadora de sprints, Tía Clemmons, intervino: "Vienen a Penn Relays engrasados, preparados y listos para pelear cuando recién estamos entrando en nuestra temporada al aire libre".

A pesar de lograr un tiempo con el que la mayoría de los equipos femeninos de secundaria solo podían soñar y lograr un impresionante tercer lugar en el relevo 4x800, volvimos a casa y nos encontramos con una realidad desgarradora: "Roosevelt todavía tiene que ponerse al día" fue el titular del Washington Post sobre el 2006 Carnaval de pista y campo de relevos de Penn.

El dolor de la derrota del fin de semana seguía siendo conmovedor. Pero de una manera extraña, también fue motivador y emocionante. Nuestras chicas demostraron que podían correr en el gran escenario, y ciertamente llamamos la atención no solo de los mejores equipos estadounidenses, sino también de algunos equipos jamaicanos. Ahora tenía todo un año para planificar y crear estrategias para 2007, y estaba ansioso por volver a la mesa de dibujo.

"Debemos tener una mejor reunión de preparación para estar listos", dijo el entrenador McMahon. Asentí en acuerdo. Con poca contemplación, supe quiénes necesitábamos para competir y exactamente adónde debíamos ir para prepararnos para los Penns de 2007.

A mediados de mayo, unas semanas después de los Penn Relays de 2006, estábamos en una intensa reunión de entrenadores, bromeando sobre cómo descifrar el código para ganar al menos uno de los "Big Pennies" contra nuestros homólogos de Jamaica. Éramos ferozmente competitivos y nos esforzamos por dejar una marca indeleble en Franklin Field. Todavía podíamos escuchar el sonido de los silbatos de Jamaica. Podíamos ver ondear banderas. El orgullo y la confianza de los fanáticos que vestían el negro, amarillo y verde era palpable. La experiencia fue inspiradora, pero necesitábamos darle la vuelta a la tortilla.

De repente, una pregunta descarriló mi línea de pensamiento.

"Oye, ¿cuál es el programa estadounidense más dominante en la última década?"

El entrenador Tuck respondió rápidamente: "LA Long Beach Poly, por supuesto".

Long Beach Poly tenía una mascota, Jackrabbits, acorde con su éxito nacional en los sprints largos y, sobre todo, había ganado antes en Penn Relays. Entrenada por el legendario Don Norford, también conocido como Papa Don, Long Beach Poly se llevó trece campeonatos femeninos del estado de California durante casi dos décadas, ocho más que cualquier otra escuela. Papa Don entrenó a una plétora de futuros campeones y atletas olímpicos de la NCAA. (NHS T&F HOF n.d.) Su equipo contó con estrellas del grupo de edad juvenil nacional Turquoise Thompson y Jasmine Joseph. Thompson se convertiría en una corredora profesional y All-American de la División I de la NCAA.

"Sí, escuela politécnica de Long Beach. ¡La costa oeste es donde debemos estar! Hace calor la mayor parte del año y el Arcadia Invitational es unas semanas antes que Penns. Es la reunión de puesta a punto perfecta. Además, sé que Long Beach Poly y Long Beach Wilson van a ese encuentro", compartí con los otros entrenadores.

El Arcadia Invitational contó con otros equipos importantes de California y programas nacionales de primer nivel de todo el país. Correr en un encuentro de primer nivel como Arcadia sería fundamental.

En una de nuestras prácticas unos días después, Doris Anyawu, las gemelas Jameson y Tasha Stanley estaban haciendo estiramientos y hablando nuevamente sobre su experiencia en Penn Relays.

"Sigo pensando en ello. Como, ¿tal vez podría haber trabajado más duro?"

"Si no me hubiera perdido esa semana durante el entrenamiento de pretemporada..."

"Sé que tenía más en mí."

"¿Qué más podría haber hecho?"

Todas estas preguntas rondaban en sus cabezas, y también en la mía. Constantemente me preguntaba qué podría haber hecho diferente como su entrenador. Sentí el peso de nuestra pérdida.

Dez, ¿qué falta? ¿Qué más puedes hacer?

Era hora de ir al laboratorio. Necesitaba estudiar, analizar, diagnosticar cada decisión que condujo a nuestra última actuación en Penns. Y tuve que atraer a todos los demás para que hicieran lo mismo. Necesitábamos estudiar los hábitos de entrenamiento, las estrategias y el loco compromiso de los jamaicanos con el deporte. Nuestro plan de entrenamiento necesitaba ser ajustado. Con más de trescientos días por delante, con una preparación muy concentrada, se construiría nuestra base sólida, pero se sentiría como una eternidad antes de nuestra próxima oportunidad en el "Gran Penny".

CAPÍTULO 20

RECUPERARSE

"Entonces, ¿crees que este encuentro puede hacer un cambio significativo?" Taylor preguntó, recostándose en la silla de su escritorio.

Respondí con firmeza: "Este encuentro es definitivamente un cambio de juego. No tenemos mucho tiempo para aprovechar el clima cálido".

Le propuse la descabellada idea de asistir a la reunión de Arcadia a nuestro asesor y subdirector en Roosevelt, Avery Taylor, poco después de la reunión de entrenadores. Era nuestra administradora asignada y se encargaba de la mayoría de las tareas administrativas del equipo, incluida la recaudación de fondos, y le encantaba la pista.

Me miró por segunda vez, respiró hondo y dijo: "Le estoy dando vueltas a esa idea, Dunham". Buscamos la fecha de la reunión de 2007 y se alineó perfectamente con nuestras vacaciones de primavera.

Mientras continuaba hablando, Taylor continuó haciendo clic en su computadora. Una sonrisa se extendió por su rostro. Cuanto más grande era la sonrisa, más fuerte y rápido escribía. Finalmente preguntó: "¿Qué pasa si corremos en Arcadia, luego nos quedamos y entrenamos la semana siguiente y luego competimos en Mount Sac Relays después de eso?"

Mi mente daba vueltas con posibilidades. Sabíamos que necesitábamos cubrir el costo de los vuelos, la comida y el alojamiento de las chicas y los entrenadores durante toda una semana, e incluso si viajábamos a precios económicos, sería un gasto considerable. Y esta vez, sabía que Jami no aceptaría que cubriéramos los costos. Sabíamos que los padres colaborarían, pero no podíamos pedirles que asumieran la carga de tal costo sin ayuda. Necesitábamos ser creativos y volcamos nuestros esfuerzos en organizar cenas de espaguetis y ventas de dulces. Si realmente nos apresurábamos y manteníamos nuestro objetivo final a la vista, sabíamos que podíamos lograrlo.

Este viaje nos permitiría ver a los mejores equipos estadounidenses tres semanas antes de Penn Relays. El clima cálido y el entrenamiento concentrado aumentarían la intensidad de nuestros entrenamientos. Al entrenar en la costa este, siempre corríamos el riesgo de que el clima más frío jugara un factor en la calidad de los entrenamientos y de posibles lesiones. El clima más cálido de California nos permitiría entrenar dos veces al día, una práctica por la mañana y otra práctica por la noche, proporcionando un ambiente para trabajar en escenarios estratégicos como el posicionamiento de intercambios de relevos y la ejecución de carreras.

Estaba listo. Volaríamos por todo el país para una puesta a punto crítica antes de regresar a la costa este para enfrentarnos nuevamente a los jamaicanos en los relevos de Penn de 2007. De cara al verano de 2006, era la misión.

Continué aumentando la complejidad de mis métodos de entrenamiento. Viajé a varios centros de entrenamiento y aprendí de entrenadores destacados, incluidos Marcus O'Sullivan, Clyde Hart y Karen Dennis. Profundicé en los principios de entrenamiento y entrenamientos de Boo Schexnayder. Estudié una variedad de regimientos de entrenamiento de fuerza. Analicé los calendarios de los mejores equipos para obtener información sobre encuentros de calidad para un rendimiento óptimo en el momento adecuado. Y, sobre todo, estudié los mejores equipos jamaicanos: sus estrategias, sus fortalezas y cualquier debilidad potencial, aunque esto último fue difícil de encontrar.

Si le hubieras preguntado a alguna de las chicas, probablemente habrían dicho: "Trabajamos duro y corremos por nosotras. Se trata de tener orgullo". Ese verano, los entrenamientos también se intensificaron. Más kilometraje, más días, más prácticas, ritmos calculados. Años antes, me apropié una idea fundamental del poderoso equipo de distancia de Nueva York Saratoga Springs High School. Siguiendo el ejemplo de Saratoga, lanzamos un programa de capacitación de verano. No podíamos entrenar como equipo de la escuela secundaria durante el verano, así que creamos un equipo de club, los "Blazin' Raiders", para permitir que nuestras chicas siguieran entrenando y compitiendo como grupo.

Nuestro entrenamiento de verano, bajo la apariencia del club, permitió a las chicas registrar las millas necesarias para construir una base sólida para la próxima temporada de campo traviesa. Les dije a nuestros corredores que, si alguna vez íbamos a tener la oportunidad de ser dominantes en Penn Relays, tenían que comprometerse con nuestro programa de entrenamiento de verano, lo que significaba que no tenían que competir con otros equipos del club. Si queríamos hacer lo inimaginable, teníamos que comenzar un régimen de entrenamiento inimaginable ese verano que continuaría hasta la primavera siguiente, cuando nos enfrentaríamos nuevamente a los equipos de Jamaica.

Mi enfoque fue considerado algo poco ortodoxo. Hice que todas nuestras corredoras, incluidos nuestros velocistas, entrenaran como corredores de campo traviesa. En otras palabras, corrieron distancia y la corrieron a menudo. Modificamos los entrenamientos para algunos de nuestras velocistas cuando lo necesitábamos, pero aun así corrieron la distancia. Si se hiciera correctamente de manera progresiva, este enfoque generaría beneficios físicos, fisiológicos y especialmente mentales que los entrenamientos puros de sprint no permitirían. La resiliencia mental desarrollada a través de la distancia estaba más allá de una habilidad para correr. Era una habilidad necesaria para superar las adversidades y los desafíos de la vida.

Para enseñar a nuestras chicas ejecución de carreras, alienábamos de diez a doce de ellas y las hacíamos caminar unos veinte metros. Entonces hacía que se pararan en seco. Señalaba aleatoriamente a una de ellas, lo que incitaría al corredor a describir y analizar su posición, seguido de su anticipación de lo que podría suceder a continuación y cómo iban a evitar problemas potenciales o incluso salir de ellos. Esto ayudó a enseñarles cómo evitar tropezarse, cortarse el paso o reducir la velocidad al quedar atrapadas por corredores más lentos. Si todo lo demás fallaba y ocurría uno de los anteriores, sabían cómo responder. Una cosa era segura: sabían que entrar en pánico o rendirse no era una opción.

La estrategia era crítica. Nuestras chicas no solo necesitaban correr rápido, sino que también necesitaban desarrollar estrategias de carrera para contrarrestar las tácticas jamaicanas. Desarrollamos entrenamientos para enfatizar los terceros 200 metros de los 800 para que nuestras chicas pudieran mantener la presión en el campo al comienzo de la segunda vuelta. Practicamos cambiar el ritmo justo en ese momento para que nuestras chicas pudieran desarrollar la capacidad de hacerlo cuando estaban sin aliento en la primera mitad de la carrera. El intercambio de bastón entre las jugadoras de relevo fue otra área clave. "El palo nunca frena, señoritas", les recordábamos mientras practicábamos los intercambios de bastones. Rutinariamente terminábamos la práctica con ejercicios para modelar la técnica adecuada para esos pases importantes entre cada pierna.

Después de un intenso programa de entrenamiento de verano, teníamos grandes aspiraciones para la temporada de campo traviesa de otoño, y el impulso seguía avanzando. Conseguimos nuestro tercer campeonato estatal consecutivo de cross country Maryland 4A, y Marika Walker defendió su título individual. Incluso recibimos otra oferta para Nike Team Nationals y mejoramos nuestra ubicación al octavo lugar en la general.

Empezamos el año nuevo y la temporada de atletismo de 2007 más en forma que nunca. Además de desarrollarse fisiológica y muscularmente, las chicas eran más duras mentalmente, mantenían una actitud más positiva durante los momentos y los entrenamientos difíciles, y estaban decididas a no darse por vencidas.

Nuestro plan para competir en competencias de alto nivel antes de que Penn Relays estuviera en marcha. Con la ayuda de Taylor, recaudamos suficiente dinero y obtuvimos la aprobación de la escuela para volar por todo el país con un objetivo universal en mente. A principios de abril, nuestro equipo de entrenadores y veinticuatro corredoras, todos con camisetas negras y verde azulado a juego, se reunieron en el aeropuerto a las 5 a.m. y abordaron nuestro vuelo a Burbank, California. Las chicas aún tenían un poco de sueño debido a lo temprano de la hora, pero estaban emocionadas, charlando y riendo mientras esperábamos la salida de nuestro vuelo. No nos dimos cuenta de lo que nos esperaba durante este vuelo de costa a costa.

Jami y nuestra hija de seis meses, Nia, se unieron a nosotros para el vuelo de más de seis horas, y fue laborioso. Nia tenía eccema y alergias graves y no disfrutaba del aire seco ni de las turbulencias. Ella expresó esto con vehemencia a todos en el avión. Finalmente conseguimos calmarla trabajando como equipo. Cada corredora y entrenador se turnaron para sostenerla y caminar con ella arriba y abajo del pasillo cuando estaba permitido. Finalmente se quedó dormida cuando faltaban unos quince minutos para el vuelo.

El equipo estaba exhausto por la madrugada y el largo y oneroso vuelo. Rápidamente nos registramos en nuestro hotel de bajo presupuesto y nos dirigimos a una pista vecina para relajar las piernas. Al llegar a la pista, dejamos en claro que esto no era una excursión al campo. La diversión estaba incorporada, pero el trabajo era lo primero. Dimos algunas vueltas, ejecutamos ejercicios y nos estiramos bien. La parte clave de la práctica fue calmar los nervios y revisar las estrategias de carrera. El equipo sabía que estaba bien competir con aquellos que eran mejores que ellos, siempre y cuando participaran en una competición buena y sana y permitieran que ese compromiso los hiciera mejores.

En el primer día de carreras en el Arcadia Invitational, el gran enfrentamiento entre la costa este y la costa oeste tuvo lugar en el relevo de 4x200 metros. La Escuela Secundaria Long Beach Wilson entró como la favorita del encuentro con la velocista clasificada a nivel nacional, Shelise Williams. Me posé en la marca de los 300 metros, donde podía dar un último grito de aliento a nuestra segunda y cuarta etapa en la última recta. *¡Pum!* Las corredoras salieron corriendo de los bloques. Doris Anyawu nos mantuvo en la carrera, corriendo codo a codo con el pelotón superior durante todo el partido de ida. En el momento en que los partidos de vuelta trajeron el bastón de mando en la recta final, Tameka Jameson nos tenía en la carrera como contendientes completos para un resultado superior.

"¡Muévete, Meka! ¡Bombea tus brazos! ¡Termina fuerte!" Grité mientras giraba y bajaba por la recta final en sus últimos cien metros. Ella nos mantuvo en la cacería, con otros dos equipos a unos pocos pies el uno del otro. Me maravillé cuando la multitud se puso de pie, preguntándome quién era este equipo de la Costa Este.

Era una bola de nervios, pero nuestra tercera pierna, Tasha Stanley, tomó el relevo de Tameka y tomó la curva, manteniéndose paso a paso contra la potencia nacional de velocidad Long Beach Wilson. Luego le entregó a nuestra pata de ancla, Takecia, la batuta en una posición perfecta, igualada con Long Beach Wilson. Shelise Williams, pierna ancla de Wilson, salió disparada como un cohete tras recibir la batuta para el tramo final de 200 metros, pero Takecia no la dejó separarse. ¡Vamos Kecia! ¡Tú puedes! Pensé mientras esperaba que ella se acercara a donde pudiera gritarle algo de aliento. Estoy seguro de que Shelise podía sentir el aliento de Takecia literalmente en su cuello.

"¡Vamos, Kecia! ¡Brazos! ¡Brazos! ¡Mantente relajada!" Grité tan fuerte como pude sobre la multitud rugiente. Shelise intentó hacer un movimiento con cien metros para el final, aparentemente en medio del pánico, pero no pudo sacudir a la gemela Jameson cuando la carrera se redujo a unos agotadores últimos veinte metros.

Sorprendentemente, nos ganamos a algunos de los asistentes que nos vitorearon, el equipo desvalido de la Costa Este. Los músculos de Shelise se tensaron a pocos pasos de la línea de meta. Eso fue todo el empuje que Takecia necesitó para reclamar una victoria por 0,05 segundos. Toda la multitud se puso de pie, vitoreando salvajemente. *Acabamos de derrotar a uno de los mejores equipos de EE. UU. en el país. ¡Es increíble! ¿Este plan realmente va a funcionar?*

El segundo día de la competencia, nuestro enfrentamiento principal fue con Long Beach Poly en el relevo de 4x400 metros, y el momento de la verdad no decepcionó a nadie que lo presenciara. En este punto, nos habíamos ganado algo de respeto. Los espectadores de California comenzaron a desearnos buena suerte, con la esperanza de que derrotaríamos a Poly. No había muchos, pero los suficientes para sentir que teníamos fanáticos en las gradas además de nuestros entrenadores y padres.

Doris, que era conocida por sus nervios de acero, nos guió de nuevo, con Stanley y las gemelas una vez más completando el relevo. Takecia se alejó lo suficiente en la recta con la multitud rugiendo y las cámaras parpadeando, y se estableció un récord escolar. Consiguieron un poco más de espacio para ganar este relevo por 0,5 segundos.

Pero aún no habíamos terminado. Nuestro viaje de una semana continuó con prácticas dos veces al día, una deliciosa cena en el famoso Roscoe's House of Chicken and Waffles y una victoria general del equipo en el Mount Sac Invitational durante el fin de semana culminante.

La semana demostró que podíamos competir con los mejores equipos clasificados a nivel nacional. *Pero ¿estábamos listos para las jamaicanas?*

CAPÍTULO 21

CANTERA DE CAMPEONES

Nuestro desempeño en California confirmó que los meses previos a ese punto valieron la pena todo el tiempo y la energía. Las chicas hablaban en serio, aumentaron la intensidad de su entrenamiento a otro nivel y redoblaron su compromiso. Nuestra visión para la redención era simple: trabajar duro, fortalecer nuestro equipo y ambiente familiar, y establecer una verdadera cultura de "Casa de Campeones". Presentamos el concepto Casa de Campeones en el otoño después de ese tercer puesto en Penn Relays en 2006. Le di a cada corredora un bastón azul para cimentar aún más esta idea de una verdadera cultura de campeonato. El azul cielo representaba los colores de nuestra escuela.

"Tu batuta debe de tratarse con honor y prestigio", comencé. "Nunca debe tocar el suelo, ni debe apartarse de tu lado. Mantén tu batuta en tu posesión en todo momento en la práctica, durante la escuela. En ningún momento debes estar sin ella, o el equipo pagará el precio". Entendieron que eso significaba agonizantes flexiones al final de cada práctica.

La idea del bastón se estableció para recordarles su compromiso mutuo y con nuestra misión, "Operación Penn Relays 2007", todos los días. Nuestra operación las desafió a ser lo mejor que podían ser en todo lo que hacían, especialmente cuando no se sentían preparadas para hacerlo. Entendieron que, como equipo, sus acciones diarias en la escuela, en las prácticas y encuentros, en el hogar y en su comunidad tenían una repercusión. Les hizo comprender que la vida es más grande que ellas mismas y que tener humildad y pensar en los demás son los verdaderos conceptos de equipo, comunidad y espíritu humano.

Incentivamos a nuestras corredoras a ir más allá del deber en el entrenamiento y en su compromiso mutuo. Ese reconocimiento vino con nuestro honor Casa de Campeones, que llamamos "CDC". Para ganar este honor, nuestras corredoras necesitaban ir más allá del llamado del deber y ganar diez estrellas a lo largo de la temporada. Podías ganar estrellas solo si superabas las tareas del equipo y si te desafían a un nivel de incomodidad y aun así ibas más allá de las expectativas. Tameka era la capitana de nuestro equipo y se tomó este compromiso tan en serio que se presentó a la práctica después de que le extrajeran dos muelas del juicio ese día. Apenas podíamos entender lo que nos estaba diciendo, pero una vez que lo descubrimos, la enviamos a casa de inmediato para que descansara unos días. Esas serían las únicas prácticas que echaba de menos. Y, por supuesto, tuvimos que darle estrellas por ese tipo de dedicación a su equipo.

Desarrollar la cultura CDC fue nuestra forma de lograr que los corredores aceptaran y superaran sus límites y nuestras expectativas. Al recibir diez estrellas, se les otorgaba la camiseta negra especial con letras CDC azul claro en la espalda, una que estaban orgullosos de usar.

Durante los siguientes meses, mis compañeros entrenadores y yo pudimos enseñarles a las chicas que ganar carreras y títulos de campeonato era un subproducto del estilo de vida que ellas y sus compañeros de equipo elegían vivir. Este mismo espíritu estaba encarnado en los jamaiquinos; representaban un panorama más amplio: su país. Y esto era a lo que nos enfrentábamos: equipos con todo un país sobre sus hombros. Los jamaiquinos caminaban así, se movían así, calentaban así, y si los veías en el área de calentamiento, eran como los toros esperando a que se abran las puertas en un gran rodeo. Su enfoque era nítido y siempre se veían bien, como si pertenecieran a una batalla real.

Por otro lado, nuestro equipo también respetó el equilibrio. Y seguro que necesitábamos aprovechar el concepto de equilibrio cuando volvimos a los Penn Relays en abril de 2007. El primer día, una lluvia torrencial retrasó el inicio de nuestra gran carrera, así que jugamos a las cartas y nos entretuvimos durante el tiempo de inactividad mientras nuestras corredoras mordisqueaban pan de coco jamaicano para mantener el combustible en sus cuerpos. No nos molestó el retraso. Las chicas conversaban fácilmente entre ellas, hablando de sus vidas sociales y de lo que habían visto en la pista hasta el momento. Hice lo mejor que pude para involucrarlas, hablando sobre la próxima carrera, pero también bromeando sobre cosas tontas solo para mantener los nervios intactos.

Mentalmente, sabía que el equipo estaba en un gran lugar. Estábamos entusiasmadas con la tarea que teníamos entre manos. Nuestras corredoras estaban ansiosas mientras continuaban preguntando a nuestro cuerpo técnico sobre la estrategia de carrera, pero con la cantidad justa de energía nerviosa, estaban listas para ejecutar.

Después de un par de horas, notamos un cambio en las jamaiquinas. El aplomo y la confianza normales que exudaban las jamaicanas antes de la demora comenzaron a desvanecerse. La temperatura bajó más de veinte grados, y los planes de preparación y calentamiento estándar se tiraron por la ventana. Nuestra confianza comenzó a crecer con la reorganización del calendario, mientras que la de nuestros oponentes caribeños parecía decaer. Parafrasearía una de mis citas favoritas de Martin Luther King Jr. a menudo a las chicas y varias veces antes de Penn Relays: «La medida final de una persona no es dónde se encuentra en tiempos de comodidad y conveniencia, sino dónde se encuentra en tiempos de desafío y controversia". (King, 1963) Les recordé que este era uno de esos tiempos desafiantes y controvertidos y que se sentirían decepcionadas más adelante en la vida si no aceptaban estos obstáculos.

"Manténganse centradas mentalmente y prepárense para ejecutar con esfuerzo, estrategia y, sobre todo, luchen hasta el final lo mejor que puedan", les decía a menudo a las chicas. Estaban acostumbradas a mis discursos y mis citas. Ya sea que se dieran cuenta o no, estaban adoptando una mentalidad más poderosa que su fuerza física. Recé para que este día de abril fuera el día en que tanto su fuerza física como mental fueran suficientes para destronar a las campeonas caribeñas que ya estaban aquí.

CAPÍTULO 22

HACIENDO HISTORIA

No éramos el equipo favorito ni el mejor clasificado al llegar a los Relevos de Penn ese año, pero el día de la carrera, el locutor nos mostró mucho amor. Nuestro equipo llegó con la misión impensable de llevarse el primer Campeonato de América de Relevos Penn de la escuela en el relevo de 4x800 metros por la tarde y luego regresar más tarde en la noche para llevarse un segundo campeonato a casa en el relevo de 4x400 metros. Nuestro equipo tuvo que correr uno de los doce tiempos más rápidos de los mejores equipos de EE. UU. y Jamaica en las eliminatorias preliminares para el 4x800 y uno de los ocho mejores tiempos en el 4x400 para llegar a la final. Y todos los equipos tuvieron que correr un tiempo de calificación en otro encuentro a principios de la temporada incluso para ganar una invitación para correr en Penn Relays. Como reconocimiento a los equipos estadounidenses, si cruzó la línea de meta como el primer equipo estadounidense en la final, se le otorgaron relojes de oro Penn Relays. Por muy bonitos que fueran esos relojes, sabía que no nos sentiríamos completamente satisfechos hasta que obtuviéramos el "Big Penny".

Calculamos que sería una carga demasiado pesada para nuestros mejores corredores con dos carreras de prueba y dos carreras finales, por lo que tuvimos que diseñar una estrategia. Preparamos a ocho chicas para correr las cuatro carreras y rezamos para que todas pudieran llevar su peso.

Tashima Stephens y Zawadi Rowe fueron las corredoras más importantes de nuestras primeras rondas y no defraudaron. Corrieron con piernas sólidas durante las carreras de prueba, lo que permitió que dos de nuestras mejores corredoras descansaran las piernas para múltiples finales al día siguiente. Las respectivas estudiantes atletas de la Universidad de Temple y la Universidad de Dartmouth nos dieron la profundidad necesaria.

Después de que la lluvia finalmente se retiró, y después de más de dos horas de retraso, el arma se disparó para las finales de 4x800 metros, ¡y la multitud comenzó a rugir! Cuando comenzó la carrera, el locutor llamó a la alineación que perfilaba a los doce equipos y sus estrellas.

"Damas y caballeros, ¡tenemos a los mejores corredores de 800 metros del país compitiendo contra los mejores equipos de Jamaica! El Papa Juan XXIII tiene el tiempo más rápido desde ayer. Esta carrera está abierta de par en par. Edwin Allen, Holmwood Tech, Eleanor Roosevelt, Tatnall, Randolph..." continuó el locutor.

Los dos potentes equipos jamaiquinos, Edwin Allen y Holmwood Tech, usaron su velocidad superior y se lanzaron a la cabeza con nuestra primera corredora, Dominique Lockhart, bien escondida detrás. El ritmo se instaló en un sprint controlado después de la primera curva de cien metros, y todos los equipos convergieron en la recta de atrás. Después de los primeros 200 metros, había un apretado grupo de doce equipos, y la multitud estaba ansiosa por ver quién daría el primer paso audaz. Edwin Allen controló el ritmo; teníamos el presentimiento de que lo harían. Pero Dominique sabía que su trabajo era permanecer en la carrera y mantenerse en contacto con los líderes. Para ella no era una cuestión de tiempo sino de distancia. Necesitaba establecer el tono para sus compañeros de equipo haciéndoles saber que pertenecíamos. Al hacer eso, Dominique podría proporcionar el impulso de confianza que necesitaban sus compañeras de equipo.

Pronosticamos que algunos equipos estadounidenses no tenían cuatro corredoras fuertes, lo que quería decir que no podían mantener el impulso durante toda la carrera. Eso los obligó a poner sus piernas más rápidas primero en el relevo para permanecer en el juego el mayor tiempo posible. También sabíamos que los equipos de Jamaica guardarían a sus dos corredoras más rápidas para las dos últimas etapas, pero que sus dos primeras corredoras también tendrían un currículum considerable. El resultado final: no había eslabones débiles en las cadenas de las escuelas de Jamaica.

Nuestro objetivo era competir cara a cara con los mejores equipos de Jamaica y vencerlos en su propio juego. Necesitábamos una primera etapa con nervios de acero. Dominique, ahora junior, se ponía un poco nerviosa para las grandes carreras, pero siempre podíamos contar con ella. Era una corredora veterana y tenía mucha experiencia desde sus primeros días en DC Redwings. Tenía una disposición relajada y estaría dispuesta a hacer cualquier sacrificio por sus compañeras de equipo. Sabía que ser la primera aliviaría la carga y la tensión de sus compañeras de equipo, y aceptó el papel sin dudarlo.

Quinientos metros después de la carrera, algunos equipos se habían caído del pelotón de cabeza; sin embargo, ocho equipos aguantaron como hojas en un ventoso día de otoño. En la recta final de la pista, todos cambiaron de marcha y encendieron los turborreactores cuando faltaban menos de 300 metros para el primer tramo. Dos equipos estadounidenses se hicieron cargo y Dominique se mantuvo en un cercano tercer puesto. Ambos equipos de Jamaica se colocaron detrás de ella. La corredora de Randolph High School en Nueva Jersey tomó la curva y aceleró a otra marcha para abrir una brecha en el segundo lugar en la recta final antes del intercambio. Las corredoras de los dos equipos de Jamaica, Holmwood Tech y Edwin Allen, y Dominique los siguieron de cerca. Todas estaban tratando de reunir su última energía para darle a su equipo la mejor oportunidad posible. Dominique luchó con todo su corazón, completando sus 800 metros en un tiempo estratégico de dos minutos y 16,1 segundos, una marca personal, que nos dejó empatados en el quinto lugar, pero a solo 1,2 segundos del líder.

En ese corto período de tiempo, no pude evitar contemplar: *¿Las preparé completamente para este momento? ¿Estamos metidos de lleno en esto?* Mi estómago estaba hecho un nudo. Había habido tal expectación en este momento. Corredores, padres, entrenadores, administradores y simpatizantes se sacrificaron para que esto sucediera. Las chicas de Eleanor Roosevelt se convirtieron en celebridades locales en el área de DC, y ahora era el momento de demostrar que no era una casualidad. Los periódicos locales, las estaciones de noticias y las revistas presentaron segmentos sobre ellas. Los reporteros y fotógrafos del Washington Post incluso asistieron a varias prácticas previas a la competencia. No hace falta decir que hubo una cantidad abrumadora de presión para estar a la altura de las expectativas.

Tameka, nuestra segunda etapa, recibió el bastón de relevos dos pasos detrás de la corredora en primer lugar. Dominique había hecho su trabajo. Tameka inmediatamente mostró su gratitud y rápidamente logró un empate en el tercer lugar y se colocó con las líderes, convirtiéndola en una carrera de seis equipos. Corriendo un poco por la parte exterior del carril dos, se posicionó bien para evitar ser acorralada.

Este era el tipo de intelecto y experiencia que necesitábamos en el partido de vuelta, el que presentaría más empujones y requeriría la posición más estratégica para asegurarnos de que mantendríamos el contacto. Tameka era perfecta para el lugar. Ella era nuestra capitana y una corredora experimentada que se movía con aplomo y confianza en este intenso enfrentamiento. Tameka era el tipo de persona que correría sprints adicionales con una compañera de equipo al que aún le quedaba más en su propio entrenamiento respectivo. Dio la bienvenida al trabajo y ciertamente a la presión. Randolph High School, Tatnall High School de Delaware, Warwick Valley High School de Nueva York y los sospechosos habituales, Holmwood Tech de Christiana, Jamaica, y Edwin Allen de Clarendon, Jamaica, todos agrupados en un grupo apretado, con tres equipos adicionales. aferrándose a la querida vida. La multitud continuó rugiendo y se aferró a esta carrera de balancín en cada paso del camino.

Después de una vuelta rápida alrededor del óvalo, los equipos comenzaron a estirarse y era evidente que la esperada carrera a tres bandas se concretaría.

"¡Edwin Allen, Eleanor Roosevelt y Holmwood Tech están haciendo un movimiento!" informó el locutor. Continuó con una agradable sorpresa y agregó: "¡Roosevelt parece que se posiciona y tienen la posibilidad de hacerse con el título hoy!"

Es el sueño de cualquier niño escuchar su nombre o el nombre de su equipo durante una carrera, y podías ver completamente el impulso de adrenalina que le dio a Tameka, animándola a hacer un movimiento difícil para abrir la carrera en una estampida de tres vías con Holmwood. y Edwin Allen. En ese momento, era evidente que no estaba preocupado por quién era la más rápida, sino que quería ver quién tenía más agallas. Quería asegurarse de que sus dos principales oponentes jamaiquinas no estuvieran corriendo cómodamente en la recta de atrás, salvo por una fuerte patada. Entonces, siguió acelerando el ritmo, obligando a los equipos de Jamaica a ir con ella.

Con 200 metros para el final, Tameka aceleró y superó a sus competidoras jamaicanas, y ellas contraatacaron y respondieron. Primero, la corredora de Holmwood se mudó con ella, y luego la corredora de Edwin Allen finalmente se unió a la fiesta con un movimiento retrasado. En la pelea en la recta final, mientras se movía hacia su compañera de equipo agitando el brazo, esperando casi con impaciencia agarrar el bastón, Tameka atravesó los últimos cien metros de su pierna, manteniendo a raya a las dos jamaicanas y entregando un empate a tres bandas con un parcial de 2:14.5.

Tameka entregó el testigo a su compañera de equipo Marika Walker, nuestra dos veces campeona estatal de campo a través de Maryland. Al mismo tiempo, la tercera pierna de Edwin Allen esperó demasiado para salir cuando su compañera de equipo se acercó, lo que provocó que las dos soltaran el bastón en el intercambio. Marika se aprovechó de este titubeo e inmediatamente estableció su dominio. Tomó la delantera después de los primeros cien metros cuando entró en la recta final. Estableció unos rápidos primeros 400 metros y no dejó que sus competidoras respiraran cómodamente o se relajaran. La corredora de Edwin Allen se recuperó rápidamente del intercambio fallido, y las tres volvieron a ser compañía, con un grupo de persecución un poco fuera de ritmo, pero aun dando vueltas. Marika intentó separarse de las dos corredoras jamaicanas con sus hermosos pasos de gacela, pero se aferraron con todas sus fuerzas. El locutor gritó el nombre de Marika y comenzó a enumerar el currículum y los logros de nuestro equipo.

"Eleanor Roosevelt High School hizo lo inconcebible, ganó las competencias nacionales de pista cubierta en esta carrera, el relevo de 4x200 metros, el relevo de 4x400 metros y el relevo combinado de distancia, ¡y actualmente está a la cabeza!" La corredora de Holmwood Tech contrarrestó el movimiento de Marika con 350 metros para el final, pero Marika aguantó y confió en su fuerza a campo traviesa para avanzar. La corredora de Edwin Allen no pudo cerrar la brecha y parecía que sería una carrera de dos equipos. Con 150 metros para el final, Keno Heaven of Holmwood se adelantó y se separó un poco. Pero justo cuando doblaron la curva final, Marika hizo un empujón tardío en la recta final. Los músculos de Keno comenzaron a tensarse con treinta metros para el final, sintiendo que todavía tenía compañía por el sonido de la multitud. Marika se atrincheró para recortar la delantera, deteniendo su parcial en un récord personal de 2:10.8, y estábamos de regreso entregando el testigo al mismo tiempo. La multitud colgaba sobre los rieles con asombro.

Tasha Stanley tenía una tarea difícil como ancla, enfrentándose a la superestrella y futura atleta olímpica jamaicana Bobby-Gaye Wilkins. Aunque las probabilidades no estaban a nuestro favor, no teníamos ninguna duda de que Tasha haría un valiente esfuerzo. Tasha era una competidora feroz y siempre lo dejaba todo en la pista. Bobby-Gaye se hizo cargo al instante, pero Tasha no sucumbió al ritmo implacable y corrió a la par de Bobby-Gaye durante los primeros

400 metros. En este punto, las más de treinta y nueve mil personas presentes vitoreaban a un decibelio ensordecedor. "Tasha Stanley de Roosevelt está corriendo hace la victoria. El récord nacional está en peligro. ¡Bobby-Gaye sigue a la cabeza!". informó el locutor a la multitud.

Tasha sabía que el plan era hacer que Bobby-Gaye corriera honestamente los siguientes 200 metros. Esta fue nuestra estrategia: ¡Haz que tu oponente corra a cada paso del camino! Estudiamos el estilo jamaiquino de carreras sin descanso, y una estrategia común que usaban era navegar durante los terceros 200 metros de la carrera de 800 metros, luego reagruparse para los últimos 150 a 200 metros, usando su pura velocidad y fuerza.

Entonces, Tasha hizo que su oponente trabajara, pero Bobby-Gaye se mantuvo serena, caminando con facilidad y relajada, aun haciendo que pareciera sin esfuerzo. Con 150 metros restantes en la carrera, Bobby-Gaye volvió a subir, y esta vez fue para dejar a Tasha definitivamente. Al llegar a la recta final con menos de cien metros para el final, Bobby-Gaye tenía un colchón de diez metros sobre Tasha. Las banderas de Jamaica ardían y los silbatos aullaban. Justo cuando comenzaban a celebrar, Tasha agachó la cabeza y comenzó a dar rienda suelta a su patada. Habíamos hecho muchos sprints al final de entrenamientos críticos para simular este momento, y sin duda, ella estaba preparada. Pero a veces en la vida, te encuentras con personas que son simplemente más talentosas, más hambrientas y rápidas. Cuando faltaban cincuenta metros, Stanley igualaba el paso y la velocidad de Bobby-Gaye, pero parecía demasiado tarde.

Luego, cuando faltaban treinta metros, Bobby-Gaye empezó a sentirse incómoda. Sus hombros se levantaron tensos y su rostro parecía tensa mientras intentaba mantener su feroz remate justo cuando Tasha se acercaba poco a poco a ella. Con veinte metros restantes, la ventaja se redujo a cinco metros, y se convirtió en un enfrentamiento increíble, lo que provocó que los estadounidenses en el estadio estallaran. Cánticos de "¡Estados Unidos! ¡EE. UU!» resonó vigorosamente a medida que el impulso cambiaba en nuestro camino.

La ventaja se redujo a tres metros con solo diez metros restantes en la carrera, y aunque Bobby-Gaye era fuerte, sus músculos también estaban tensos y cansados, y su paso comenzó a cerrarse. Confiaba en el hecho de que Tasha terminaría. Las aceleraciones de ochenta metros al final de los duros entrenamientos, que simulaban el control de la tasa de desaceleración, estaban funcionando.

Tasha se detuvo junto a Bobby y cruzaron la línea de meta en un final fotográfico. Un silencio se apoderó de la multitud, y todas las miradas se dirigieron al marcador para validar el resultado. El nombre de Holmwood Tech se publicó primero, pero no se tabularon todos los equipos. En un instante, el nombre de Eleanor Roosevelt apareció en la parte superior del marcador. ¡Nuestro tiempo venció al de ellos por cuatro centésimas de segundo!

¡La multitud se volvió completamente loca! Tasha apenas podía caminar y sus compañeras de equipo corrieron en su ayuda. Se tambaleó, parecía aturdida, como si hubiera estado luchando por su vida. Sus compañeros de equipo la sostuvieron mientras levantaban los puños en el aire, sabiendo que ese era su día.

"¡Eleanor Roosevelt lo ha logrado! ¡Qué carrera! Tasha Stanley, viniendo desde atrás, termina en un tiempo vertiginoso de 2:09, el parcial más rápido del día".

Corrí desde mi puesto de entrenador cerca de la marca de los 200 metros al otro lado del estadio, a través del túnel debajo del estadio y hacia el campo. Encontré a mis chicas en el interior de la pista y les di un fuerte abrazo. Estaba sudando, mi corazón latía con fuerza y sonreía de oreja a oreja. No podía creerlo.

«¡Sí! ¡Sí!» Seguí gritando. Posé para las fotos y me detuve para recibir más abrazos y chocar los cinco de los oficiales de campo y algunos amigos que también habían llegado a la meta. *¡Lo logramoss! ¡De hecho, vencimos a las jamaicanas!* Nuestras chicas dieron una vuelta de la victoria con la bandera estadounidense y luego se tomaron innumerables fotos orgullosas. Por último, pero no menos importante, nuestras chicas recibieron el "Big Penny". El cuarteto lo levantó sobre sus cabezas. Fueron necesarias las cuatro, fatigadas, para levantar una placa de ese peso y magnitud. Qué momento tan increíble para las chicas, para nuestro país y para mí.

Si bien estábamos entusiasmados con la victoria del relevo de 4x800 metros, sabíamos lo que íbamos a hacer allí: traer a casa dos "Big Penny" al vencer también a las jamaicanas en el relevo de 4x400 metros, la última carrera del día y la última carrera de la reunión para equipos femeninos de secundaria. Si pudiéramos cumplir esa misión, haríamos historia al ser el primer equipo estadounidense en hacerlo. Después de una celebración rápida, fuimos a juntarnos con las cuatro chicas que nos representarían en la final de relevos de 4x400 metros.

Tameka y Tasha del 4x800 se unirían a la hermana gemela de Tameka, Takecia y Doris Anyawu para la final. Tashima Stephens nos dio una etapa increíble en las pruebas de 4x400 para asegurar nuestra posición para la final. Una vez más, las probabilidades estaban en nuestra contra. Bobby-Gaye Wilkins regresó a la alineación jamaicana, y contó con la gran ayuda de sus compañeras de equipo estelares, además de un complejo de inferioridad. El equipo de Holmwood Tech agregó a Anastasia Le-Roy a su cuarteto. Anastasia era una corredora poderosa y representó a su país en los campeonatos mundiales de 2019 en Doha, Qatar, y en otras importantes competencias de clase mundial una vez que se graduó de la escuela secundaria. (World Athletics, 2019) (GC2018, 2018)

Tuvimos unas tres horas entre el final del 4x400 y el comienzo de la final del 4x800. Las chicas que tendrían que volver a correr se calmaron con un trote ligero de diez minutos en el cuadro interior y luego se reunieron con el resto del equipo en las gradas. Se recargaron con rebanadas de mango, barras de granola y una rebanada de pan de trigo mientras se aseguraban de no ponerse de pie para que sus piernas descansaran. Antes de que nos diéramos cuenta, era hora de regresar al área de calentamiento para nuestra última carrera del día.

Mientras calentábamos en el campo de césped comunitario compartido por una gran cantidad de otros equipos, noté que otros corredores y entrenadores miraban en nuestra dirección. Podía escuchar los susurros, "Son ellas. Son el equipo que las venció" y "No puedo creer que las hayan vencido". Mi favorito fue, "Están ahora en un aprieto. Las jamaiquinas buscarán venganza".

Durante todo el calentamiento, otras corredoras se fijaban en nuestras chicas, observándolas atentamente, evaluándolas para determinar cómo nuestras chicas lograron tal hazaña. También estaban tratando de discernir si podíamos hacerlo de nuevo o si era solo una casualidad. Algunos entrenadores y corredores se acercaron a las chicas y a mí y nos chocaron los cinco y nos felicitaron por nuestra victoria en 4x800. Me di cuenta de que nuestras chicas comenzaron a sentirse incómodas con la atención y solo querían concentrarse en su próxima carrera que se acercaba rápidamente.

"Vamos señoritass. Vamos a movernos aquí —grité. Las trasladé a un área más remota para terminar su calentamiento. Mientras rodeábamos una colección de árboles, vimos al equipo de Holmwood, escondido con su séquito de corredores, entrenadores y masajistas, preparándose para la carrera final. Mantuve mis ojos enfocados en mi equipo, guiándolos a través del resto de su rutina de calentamiento, trabajando fervientemente para ocultar los nervios agitados que estaban teniendo un día de campo en la boca de mi estómago.

Mientras nos dirigíamos al area de registro para apuntarnos para la carrera y recibir las instrucciones finales de los oficiales de la carrera, llamé a las chicas para una última y rápida reunión antes de que se trasladaran a un área fuera del alcance de los entrenadores. Tomé una respiración constante y miré a cada una de ellas antes de decir: "Señoritas, este ha sido un viaje increíble. No se trata de medallas, trofeos o premios. Han hecho un gran trabajo esta temporada. El amor y el aprecio que han mostrado a sus compañeras de equipo y a sus entrenadores, ¡eso es lo que cuenta! Somos familia y hemos aprendido mucho en el camino. Salgamos aquí y dejémoslo todo en la pista. Confíen en su entrenamiento, confíen en su estrategia y, sobre todo, confíen unas en las otras. Ahora, manos a la obra. ¡Lady Raiders en el tres y la familia en el seis!"

"Uno, dos, tres... ¡Lady Raiders!" respondieron las chicas. "Cuatro cinco SEIS... ¡Familia!" dijeron todos al unísono. Se abrazaron con fuerza, se dieron la vuelta y se dirigieron a la zona de calentamiento para alinearse en la línea de salida.

Aquí vamos de nuevo. Una oportunidad más, Pensé mientras

tomaba otra respiración profunda para tratar de calmar mi estómago enfurecido.

Mientras los partidos de ida se alineaban en sus respectivas líneas de inicio, los flashes de las cámaras aparecieron por todo el estadio. ¡*Pum*! El arma se disparó y la multitud volvió a ponerse de pie. Estoy seguro de que la mayoría de los espectadores creían que habría un ajuste de cuentas después del 4x800.

Nuestra indomable y enérgica estudiante de segundo año, Doris Anyawu, quien más tarde se postularía para Penn State, fue nuestra primera finalista. No defraudó con su sprint de una vuelta. Se aferró a la línea lo más cerca posible en las curvas sin tocarlas para minimizar su distancia y se abrió camino a un parcial de 56.7 segundos. Doris trajo el bastón con el pelotón líder y se lo entregó a la experimentada capitana senior Tameka.

Tameka nuevamente corrió la segunda etapa estratégica, que involucró algunos empujones y maniobras después del primer giro cuando las corredoras salieron de sus carriles para ubicarse en los carriles interiores. En un grupo apretado, Tameka estaba empatada en tercer lugar y a un par de pasos del líder. Hizo un movimiento audaz y duro en el último giro que la posicionó en cuarto lugar, lo que le permitió girar hacia afuera y crear espacio para sortear al otro equipo de EE. UU., "Boys and Girls High of New York". La carrera se estaba desarrollando como el 4x800. Holmwood, con sus camisetas granate, se abrió unos pasos para separarse de nosotros y de Edwin Allen, con sus uniformes celestes. Tameka entró en la zona de intercambio, codo con codo con Edwin Allen y solo unos pasos detrás de Holmwood en un tiempo vertiginoso de 54,5 segundos.

Tasha agarró el bastón y salió disparada como nuestra tercera etapa. Fue una carrera de cinco equipos después de los primeros 200 metros, con dos equipos estadounidenses y tres equipos jamaicanos. Un tercer equipo jamaiquino, St. Jago, se abrió paso a duras penas y zarpazos en la carrera y le pisó los talones a Tasha. Cuando St. Jago hizo su movimiento y Boys and Girls redujo el ritmo, Stanley sintió la presión y aceleró al primer lugar en los últimos diez metros de su etapa, entregando el testigo después de una división de 54.7 segundos.

Justo cuando los estadounidenses en la multitud comenzaban a celebrar, Edwin Allen pasó rápidamente junto a la hermana gemela de Tameka, Takecia, quien fue nuestra cuarta y última etapa. Holmwood avanzó poco a poco junto a Takecia y pasó junto a ella en la última curva. Ahora en tercer lugar con cien metros para el final, Takecia se reposicionó por fuera de los líderes. Ochenta metros por recorrer ahora. Holmwood tomó la delantera, y por una fracción de segundo, parecía que sería un doblete jamaicano. Pero Takecia no caería sin luchar. Mantuvo la compostura con un último impulso, cerrando la brecha entre ella y sus competidores internacionales. Sesenta metros. Cuello y cuello, luego se acabó. A las patas de ancla de Holmwood y Edwin Allen no les quedaba nada. No pudieron responder al aumento de Takecia. Takecia se alejó en los metros finales y levantó ambos brazos en el aire mientras cruzaba la línea de meta. Corrió unos vertiginosos 53,5 segundos. ¡Ella y sus compañeros de equipo capturaron su segundo "Big Penny" del día!

Esta vez, decidí no correr todo el camino a través del túnel para alcanzar a las chicas en el cuadro interior cerca de la línea de meta. *¡Lo logramoss! ¡De ninguna manera! ¡Lo logramoss!* Pensé antes de saltar por la pared de diez pies del estadio que separa los asientos de los espectadores de la pista. Dos oficiales de pista me miraron, pero cuando vieron el júbilo en mi rostro y reconocieron mi equipo, se abstuvieron de regañarme y miraron hacia otro lado. Bajé con nuestros otros entrenadores al campo, chocando los cinco con rostros familiares en el camino. Mientras me acercaba a la línea de meta, abracé a las chicas, sonreí, abracé y salté mientras celebrábamos esta increíble hazaña. Hicimos historia en el deporte de la escuela secundaria estadounidense. Nos convertimos en el primer equipo de EE. UU. en ganar dos relevos contra los jamaicanos en un Penn Relays Carnival. Este grupo especial de corredores aprendió la verdadera esencia de lo que el deporte de correr podría ofrecer ese día y más allá. Dieron cada gramo de esfuerzo por sí mismas y por los demás, día tras día. Y dieron la bienvenida a los desafíos y adversidades, abrazando el proceso para enfrentar sus miedos, dudas e inseguridades para evolucionar y revelar mejores versiones de sí mismos. Contra viento y marea, corrimos y prevalecimos. Juntos.

EPÍLOGO

Mientras registro mi milla dos mil durante nuestra pandemia de COVID-19 2020-21, reflexiono sobre la relación dinámica que he tenido con correr. Aunque a veces disfruté más de otros deportes que correr, sin duda correr ha hecho más por mí que todos los demás deportes combinados. A pesar de la pura agonía y el dolor que conlleva correr, me ha abierto puertas a lo largo de la vida. Sobre todo, me abrió a lo que soy como persona. Me reveló mi potencial y capacidades, y siempre estaré agradecido por ello. Cuando mis emociones me empujaban a un pozo oscuro, correr me ayudó a superar los momentos difíciles en el hogar, la dislexia en la escuela, la falta de confianza y la falta de claridad que tenía en la vida. Correr me enseñó a perseverar, a través de la incertidumbre, a través de la depresión, a través de los altibajos en una relación. No soy yo sin correr. Es por eso por lo que me ha apasionado tanto inspirar a otros a través de este deporte y empujar a todas las personas con las que entro en contacto a ser la mejor versión de sí mismos, independientemente de las probabilidades en su contra. Siempre estaré agradecido con las Lady Raiders 2007 por permitirme alcanzar ese pináculo con ellas.

Me enseñaron a tener paciencia y me enseñaron a creer en mí mismo como entrenador y, sobre todo, como persona. Ese año, las chicas no detuvieron su dominio en los Penn Relays. Luego ganaron los campeonatos de atletismo al aire libre Maryland 4A, obteniendo el oro en los 200 metros, 3200 metros, 300 metros con vallas y el relevo de 4x800 metros. Luego ganaron los codiciados títulos de relevos de 4x400 y 4x800 en el Campeonato Nacional al Aire Libre de New Balance High School, donde también rompieron el récord nacional de Sprint Medley con un primer lugar de 3:51. Takecia corrió un sorprendente tramo de 52 segundos en el tramo de 400 metros, y Marika selló el trato con un tramo final de 2:06 en el tramo final de 800 metros.

Tasha Stanley fue nombrada la corredora de relevos de la escuela secundaria del encuentro en los Relevos de Penn de 2007. Regresó al encuentro al año siguiente y recibió el mismo honor. En 2008, estuvo en el relevo de 4x800 metros que promedió 2:10 por corredor y rompió el récord de la escuela secundaria de EE. UU. por siete segundos, junto con Dominique Lockhart, Brittany Ogunmokun y la estudiante de primer año Amirah Johnson. Como pierna ancla, capturó otro título de campeonato en el relevo de 4x400 metros con Afia Charles, Elan Hilare y Doris Anyawu.

Tasha, las gemelas Jameson, Tameka y Takecia, y Dominique fueron miembros integrales de esos equipos de relevos que hicieron historia en 2007. Todas continuaron compitiendo en la universidad y tuvieron carreras universitarias formidables. Tasha se postuló para la Universidad de Carolina del Norte en Chapel Hill. Las gemelas Jameson corrieron en la Universidad de Miami. Y Dominique compitió por la Universidad Estatal de Mississippi.

Después de ese increíble viaje en Penn Relays, me aventuré como entrenador universitario en el otoño de 2008 en la Universidad de Maryland, y después de un período de cuatro años, me di cuenta de que mi amor por las carreras en la escuela secundaria era innegable. Regresé a entrenar en la escuela secundaria en 2012 y todavía estoy allí, disfrutando cada minuto. Es donde comencé como corredor y donde siempre estaré agradecido.

Todavía me mantengo en contacto con muchos de los corredores que entrené en el equipo Eleanor Roosevelt y todos los equipos que entrené en el pasado, y he disfrutado de las relaciones de décadas que hemos establecido. He asistido a sus graduaciones universitarias y bodas. He celebrado sus hitos y éxitos como nuevos padres. E incluso he asesorado a algunos como florecientes entrenadores de carreras. Ese día victorioso en 2007 en Penn Relays seguirá siendo uno de los momentos más memorables de mi vida. Pero la satisfacción de ver a los corredores a los que he entrenado tomar lo que han aprendido al correr y aplicarlo en las próximas fases de sus vidas de una manera que impacte positivamente a los demás es lo que me hace sentir más orgulloso. Mi mayor recompensa es cuando han aprendido que siempre habrá probabilidades que enfrentar y siguen corriendo de todos modos.

AGRADECIMIENTOS

Gracias.

Quiero comenzar dando las gracias a quienes me acompañaron en mi trayectoria personal y leyeron estas memorias.

Gracias a mi madre por confiarme sus historias personales y animarme en el camino.

A mi hermosa esposa, Jami Dunham, quien ha sido mi inspiración y fortaleza con todas las largas horas y sacrificios. Y a Nia, Niles y mis familias Wilson y Dunham por ser mi gente. Un a agradecimiento especial a mis hermanos Nicole Dunham, Deneen Dunham, Darin Dunham y Preston Dunham.

A mi comunidad de Gary Vohr, Tolleston, Horace Mann y amigos de la infancia que me dieron muy buenos recuerdos y me ayudaron a sortear mis adversidades.

A mis administradores, profesores, compañeros de clase y comunidad de la Universidad de Howard por darme forma y moldearme en lo que soy hoy. No tendría esta historia sin ustedes.

A las feroces Lady Raiders: Gracias por las temporadas y los momentos memorables, los de este libro y más allá. Atesoro los lazos de por vida que todos compartimos.

A Hannah Tropf y Under Armour Running por su continuo apoyo en todos mis esfuerzos.

A Desmond Williams y Nylinka School Solutions por ser la chispa que necesitaba para embarcarme en este viaje de escritura.

A mi ilustre equipo de consultores de marketing: Megan Laurent, Simone Hunter, Branded por Simone, Thelma Ortega, Kelly Bedrossian y Bedro Brand Box.

A la profesora Koester, Aislyn Gilbert, Jessica Fleischman, Linda Berardelli y Lauren Sweeney: gracias por su orientación, experiencia y aliento para dar a conocer mi historia al mundo.

A la tía Dolores Hildreth, la tía Barbara Washington, la tía Glen Dunham, la tía Tommie Cockrell, la tía Shirley, el tío Hank Dunham, Tiffany Wells, Brett Allen, Joey Gibbs, Steve Powell, Connie Williams, Eric Smoot, Phil Mckenzie, Carson Edwards, Jomo Davis, y Shaun Bell: Su amor, tranquilidad y voluntad de compartir sus historias hicieron esto posible.

Al personal de NDP: Gracias por hacer realidad este libro y trabajar conmigo, mano a mano.

A los antiguos profesores, maestros, mentores y entrenadores que siempre me alentaron: gracias por ver lo que había en mí. Significaba mucho para mí. Un agradecimiento especial a Roosevelt "Jefe" Pulliam y William P. Moultrie, quienes vieron el potencial en mí antes de que yo lo viera.

A mi increíble cuerpo técnico que siempre apoyó nuestra misión e hizo que el viaje fuera mucho más agradable:

Cuerpo técnico de Eleanor Roosevelt

Cuerpo técnico de los Redwings de DC

Un saludo especial a los hermanos de Alpha Phi Alpha Fraternity, Incorporated, Beta Chapter, y mis hermanos de atletismo y campo traviesa de Gary, Horace Mann y Howard University.

A mis increíbles lectores beta, gracias por su tiempo y valiosos comentarios durante mi proceso de escritura.

A todos los que apoyaron mi campaña de preventa.

APÉNDICE

NOTA DEL AUTOR

Sloan, Paul, Penny Roberts (contrib.), y William Recktenwald (contrib.). "Gary Takes over as Murder Capital of US." *Chicago Tribune*. 3 de enero, 1994. https://www.chicagotribune.com/news/ct-xpm-1994-01-03-9401030009-story.html.

CAPÍTULO 5

Bullet. "Horace Mann High School." *Autopsy of Architecture* (blog). 21 de Junio, 2021. https://autopsyofarchitecture.com/horace-mann-high-school/.

Davich, Jerry. *Lost Gary, Indiana*. Mount Pleasant, SC: Arcadia Publishing, 2015.

CAPÍTULO 9

Biography.com Editores. "Charles Drew Biography." Website Biography.com. Última modificación 3 de septiembre, 2020. Accedido el 3 d Marzo, 2021. https://www.biography.com/scientist/charles-drew.

Glubb, John Bagot y Ass'ad Sulaiman Abdo. "Mecca." *Encyclopedia Britannica*. 15 de febrero, 2021.
https://www.britannica.com/place/Mecca.

Oficina por los Derechos Civiles (OCR). "Historically Black Colleges and Universities and Higher Education Desegregation." Departamento de Educación EE.UU. 3 de enero, 1991. Última actualización, 10 de enero, 2021.
https://www2.ed.gov/about/offices/list/ocr/docs/hq9511.html.

CAPÍTULO 10

Alpha Phi Alpha Fraternity, Inc. "Our History." Accedido el 10 de mayo, 2021.
https://apa1906.net/our-history/.

Departamento de Comercio EE.UU. Oficina del Censo. Censo de Población Características de la Población General Indiana, 1990. Washington DC, 22 de abril, 1992. Superintendente de Documentos, Imprenta del Gobierno de EE. UU.
https://www2.census.gov/library/publications/decennial/1990/cp-1/cp-1-16.pdf.

Asociación de Entrenadores de Atletismo y Campo Traviesa de EE. UU. (USTFCCCA). "Bill Moultrie, USTFCCCA Coaches Hall of Fame, Class of 2006." Accedido el 2 de diciembre, 2020.
http://www.ustfccca.org/awards/bill-moultrie-ustfccca-class-of-2006.

CAPÍTULO 14

History.com Editores. "Apartheid." History. Actualizado el 3 de marzo, 2020.
https://www.history.com/topics/africa/apartheid.

CAPÍTULO 18
Swindoll, Charles R. "Charles R. Swindoll: Quotes." Goodreads. Accedido el 10 de mayo, 2021. https://www.goodreads.com/author/quotes/5139.Charles_R_Swindoll.

CAPÍTULO 19
Flynn, Sean P. "Roosevelt Still Has Catching Up to Do." *The Washington Post*. 28 de abril, 2006. https://www.washingtonpost.com/wp-dyn/content/article/2006/04/27/AR2006042702426.html.

Salón de la Fama del Atletismo de la Escuela Secundaria Nacional (NHS T&F HOF). "Don Norford." Fundación Nacional de Atletismo Escolar. Accedido el 25 de junio, 2021. https://nationalhighschooltrackandfieldhof.org/showcase/don-norford/.

Juegos Olímpicos. "Bobby-Gaye Wilkins: Olympic Results Beijing 2008." Actualizado en agosto, 2008. Accedido el 10 de mayo, 2021. https://olympics.com/en/athletes/bobby-gaye-wilkins#b2p-athlete-olympic-results.

Penn Relays. "2007 Results by Level: High School Girls." Accedido el 10 de mayo, 2021. http://pennrelaysonline.com/History/schedule.aspx?l=HSG.

CAPÍTULO 21
King, Jr., Martin Luther. *Strength to Love*. New York: Harper & Row, 1963.

CAPÍTULO 22

Gold Coast 2018 XXI Juegos de la Commonwealth (GC2018). "Participants: Anastasia Le-Roy." Actualizado en abril, 2018. Accedido el 10 de mayo, 2021. https://results.gc2018.com/en/athletics/athlete-profile-n6032691-anastasia-le-roy.htm.

Penn Relays. "2007 Results by Level: High School Girls." Accedido el 10 de mayo, 2021. http://pennrelaysonline.com/History/schedule.aspx?l=HSG.

World Athletics. "Jamaica Announces Team for IAAF World Athletics Championships Doha 2019." World Athletics News. 12 de septiembre, 2019. https://www.worldathletics.org/news/news/jamaica-world-championships-doha-2019.

Made in the USA
Middletown, DE
15 November 2024